दो शब्द

'दाग़' जिनका कलाम उर्दू अदब के लिए किसी रौशन मीनार से कम नहीं है। दिल्ली की ख़ास ज़बान और अपने अश्आर (शायरी, कविता) के चुटीलेपन की वजह से 'दाग़' को भारतीय शायरों की पहली लाइन में गिना जाता है। सीमाब अकबराबादी, जोश मलसियानी, डॉक्टर इक़बाल, आग़ा शायर बेख़ुद देहलवी तथा एहसान मारहरवी जैसे उस्ताद शायर मूलतः 'दाग़' के ही शागिर्द थे।

मशहूर शायर नवाब मिर्जा खाँ 'दाग़' की पैदाइश सन 1831 में दिल्ली में हुई। इनके वालिद शम्सुद्दीन खाँ नवाब लोहारू के भाई थे। जब 'दाग़' पाँच-छह साल के थे तभी इनके वालिद का इंतकाल हो गया था। इनकी वालिदा ने बहादुर शाह 'ज़फर' के बेटे मिर्जा फखरू से निकाह कर लिया, तब से दाग़ भी दिल्ली के लाल किले में रहने लगे। जहाँ 'दाग़' को हर तरह की तालीम मिली। इसी दौरान ये कविता करने लगे और जौक़ को के शागिर्द बन गए। सन् 1856 में मिर्जा फखरू का इंतकाल हो गया और दूसरे ही साल बलवा शुरू हो गया, जिससे यह रामपुर चले गए। वहाँ शहजादे नवाब कल्ब अली खाँ के यहाँ रहने लगे। सन् 1887 ई. में नवाब के गुजर जाने पर ये रामपुर से दिल्ली चले आए। घूमते हुए दूसरे साल हैदराबाद पहुँचे। सन् 1890 ई. में 'दाग़' हैदराबाद गए और निज़ाम के उस्ताद बन गए। इन्हें यहाँ इज्जत और शोहरत दोनों मिली और यहीं सन् 1905 ई. में फालिज से इनका इंतकाल हो गया।

'दाग़' की शायरी के बारे में यही कहा जा सकता है कि उनकी शायरी का हुस्न उनकी ज़बान और उनके अन्दाज़े बयान में है। आसान भाषा में शायरी करने की वजह से दाग़ बहुत मशहूर हुए। गुलजारे-दाग़, आफ्ताबे-दाग़, माहताबे-दाग़ और यादगारे-दाग़ इनके चार दीवान हैं जो बहुत मशहूर हैं। 'फरियादे-दाग़', इनकी एक मसनवी

(खंडकाव्य) है। 'दाग़ देहलवी' के कलाम को पढ़कर उनके फ़न का कायल हुआ जा सकता है, यह बात ग़लत नहीं है।

तुम्हारी बज़्म में देखा न हमने दाग़-सा कोई।
जो सौ आये, तो क्या आये, हज़ार आये, तो क्या आये।।

-नरेन्द्र गोविन्द बहल
narendergovindbehl@gmail.com

उर्दू के मशहूर शायर

दाग़

और उनकी चुनिंदा शायरी

सम्पादक

नरेंद्र गोविंद बहल

डायमंड बुक्स

www.diamondbook.in

प्रकाशक: **डायमंड पॉकेट बुक्स (प्रा.) लि.**
X-30 ओखला इंडस्ट्रियल एरिया, फेज-II
नई दिल्ली- 110020
फोन : 011-40712200
ई-मेल : sales@dpb.in
वेबसाइट : www.diamondbook.in

Urdu Ke Mashhoor Shayar Daagh Aur Unki Chuninda Shayari

Ed. By - *Narender Govind Behl*

प्रकाशकीय

नरेन्द्र गोविन्द बहल उर्दू और हिन्दी कविता में गहन रुचि रखते है जिसके कारण उन्होंने अधिकतर मुशायरों व कवि सम्मेलनों में शिरकत की थी, इन्हीं आयोजनों की वजह से उन्हें साहित्य लेखन का भी शौक पैदा हुआ। लेखक की विभिन्न विषयों पर अब तक 60 से अधिक पुस्तकें प्रकाशित हो चुकी हैं। लालकिले में होने वाले कवि सम्मेलन और मुशायरों से कविता-शायरी के प्रति प्रेम बढ़ा और वहीं से उन्होंने उन्हें कविता लिखना भी प्रारंभ कर दिया था। कविता, गीत, गजल, शायरी को समझने के लिए उर्दू के मशहूर शायरों के जीवन के बारे में जानने के लिए उर्दू भाषा सीखी।

जब लेखक साहिर लुधियानवी, कैफ़ी आज़मी, जान-ए-सार अख्तर, अली सदार जाफरी, मजाज, नरेश कुमार 'शाद' आदि शायरों से मिले तो उनका पाठकीय दृष्टिकोण बदलने लगा और उन्होंने गालिब, फैज़, जफ़र, दाग आदि रचनाकारों को भी पढ़ना शुरू किया। इन शायरों को पढ़ते हुए लेखक के मन में एक उत्साह पैदा हुआ कि इन शायरों की पुस्तकें संपादित की जाएं। यह पुस्तक भी इसी उत्साह का नतीजा है।

डायमंड बुक्स प्रस्तुत करता है उर्दू के मशहूर शायर और उनकी चुनिंदा शायरी। इस सीरीज़ में नये पुराने शायरों की प्रसिद्ध एवं चुनिंदा शायरी का संकलन प्रकाशित किया है। इस सीरीज की प्रमुख पुस्तकें इस प्रकार हैं :-

फ़ैज़	**ग़ालिब**	**निदा फाजली**
क़तील शिफ़ाई	**अख़्तर शीरानी**	**बशीर बद्र**
जोश मलिहाबादी	**ज़ौक़**	**बेकल उत्साही**
शक़ील बदायूंनी	**अकबर इलाहाबादी**	**परवीन शाकिर**
मीर	**नज़ीर अकबराबादी**	**कैफ़ी आज़मी**
मोमिन ख़ां 'मोमिन'	**फ़िराक़ गोरखपुरी**	**जाँ निसार अख़्तर**
साहिर लुधियानवी	**इफ़्तिख़ार आरिफ़**	**अली काज़मी**
मजाज़	**मजरुह सुल्तानपुरी**	**कुँअर बेचैन**
इक़बाल	**अहमद फराज**	**माणिक वर्मा**
ज़फ़र	**दर्द**	**अली सरदार जाफरी**
दाग़	**नरेश कुमार शाद**	**मिर्ज़ा रफ़ी 'सौदा'**
अदा जाफरी	**मुश्ताक अहमद**	**असग़र गोंडवी**
शाहिद मीर	**मंज़ूर हाशमी**	**चमन लाल चमन**
मुज़फ़्फ़र वारसी	**निश्तर ख़ानक़ाही**	**राम अवतार बैरवा**
वसीम बरेलवी	**हरिराज सिंह नूर**	**रामदरश मिश्र**
आलम खुर्शीद	**अमजद इस्लाम अमजद**	**महताब हैदर नक़वी**
शहरयार		

मनीष वर्मा

manish@dpb.in

(1)

बुतों ने होश सम्भाला जहां, शऊर[1] आया
बड़े दिमाग़, बड़े नाज़ से ग़रूर आया

उसे हया इधर आई, उधर ग़रूर आया
मेरे जनाज़े के हमराह[2] दूर-दूर आया

ज़बां पे उनकी जो भूले से नामे-नूर[3] आया
उठा के आईना देखा, वहीं ग़रूर आया

तुम्हारी बज़्म तो ऐसी ही थी निशात-अफ़ज़ा[4]
रक़ीब[5] ने भी अगर पी, मुझे सुरूर आया

कहां-कहां दिले-मुश्ताक़े-दीद[6] ने ये कहा
वो चमकी बर्क़े-तजल्ली[7], वो कोहेतूर[8] आया

अदू[9] को देख के आंखों में अपने ख़ून उतरा
वो समझे बादा-ए-गुलरंग[10] का सुरूर आया

कसम भी वो कभी क़ुरआन की नहीं खाते
ये रश्क है उन्हें, क्यों इसमें ज़िक्रे-हूर आया

किसी ने जुर्म किया, मिल गई सज़ा मुझको
किसी से शिकवा हुआ, मुझपे मुंह ज़रूर आया

वहीं से 'दाग़' सियह-बख़्त को मिली ज़ुल्मत
जहां से हज़रते-मूसा के हाथ नूर आया

---

1. तौर-तरीक़ा 2. साथ-साथ 3. परी का नाम 4. ख़ुशियां देने वाला 5. शत्रु, विरोधी 6. मिलन का इच्छुक हृदय 7. चमकती आभा 8. एक पवित्र पहाड़ का नाम 9. दुश्मन 10. गुलाब के रंग जैसी मदिरा

(2)

क्या लुत्फ़े-सितम यूं उन्हें हासिल नहीं होता
ग़ुंचे को वह मलते हैं अगर दिल नहीं होता

कुछ ताज़ा मज़ा शौक़ का हासिल नहीं होता
हर रोज़ नई आंख, नया दिल नहीं होता

जिस आईना को देख लिया क़हर से उसने,
उस आईने से कोई मुक़ाबिल[1] नहीं होता

ग़म्ज़ा[2] भी हो शफ़्फ़ाक[3], निगाहें भी हों ख़ूंरेज[4]
तलवार के बांधे से तो क़ातिल नहीं होता

इन्कार तो करते हो मगर यह भी समझ लो
बेवजह किसी से कोई साइल[5] नहीं होता

मंज़िल पे जो पहुंचे, तो मिले क़ैस[6] को लैला
नाके से जुदा क्या कभी महमिल[7] नहीं होता

मरने ही पे जब आए तो क्या डूब के मरिए
क्या ख़ाक में मिल जाने को साहिल नहीं होता

यह दाद मिली उनसे मुझे काविशे-दिल[8] की
जिस काम की आदत हो, वह मुश्किल नहीं होता

ऐ 'दाग़' किस आफ़त में हूं, कुछ बन नहीं आती
वह छीनते हैं, मुझसे जुदा दिल नहीं होता

---

1. सामने आना 2. नख़रे 3. कोमल 4. रक्तरंजित 5. भिखारी 6. मजनूं 7. एक प्रकार का परदा 8. हृदय का कष्ट

(3)

जब जवानी का मज़ा जाता रहा
ज़िन्दग़ानी का मज़ा जाता रहा

वह क़सम खाते हैं अब हर बात पर
बदगुमानी[1] का मज़ा जाता रहा

दास्ताने-इश्क़[2] जब ठहरी ग़लत
फिर कहानी का मज़ा जाता रहा

ख़्वाब में तेरी तंजल्ली[3] देख ली
लन्तरानी[4] का मज़ा जाता रहा

दर्द ने उठ कर, उठाया बज़्म से
नातवानी[5] का मज़ा जाता रहा

ग़ैर पर लुत्फ़ो-करम होने लगा
मेहरबानी का मज़ा जाता रहा

आप अब अपने निगहबां[6] बन गए
पासबानी[7] का मज़ा जाता रहा

नामाबर[8] ने तय किए सारे पयाम
मुंह-ज़बानी का मज़ा जाता रहा

मिट गई अब 'दाग़' फ़ुरक़त[9] की जलन
इस निशानी का मज़ा जाता रहा

---

1. सन्देह 2. प्रणय-कथा 3. ज्योति 4. इन्कार करना, मुकर जाना 5. कमज़ोरी 6. रक्षक 7. रक्षा करना
8. संदेशवाहक 9. बिछोह

(4)

जो दिल आज़ार[1] हो अच्छों का, ख़्याल अच्छा है
सौ बलाओं से फिर अरमाने-विसाल अच्छा है

ग़ैर के नाम से पैग़ामे-विसाल अच्छा है
छेड़ का जिसमें मज़ा हो, वह सवाल अच्छा है

मोल लेते हैं ख़ुदा रंज शबे-वस्ल में हम
कसरते-ऐश[2] में थोड़ा-सा मलाल अच्छा है

नंग-हिम्मत[3] है अगर दौलते-कौनेन[4] मिले
जो न पूरा हो किसी से वह सवाल अच्छा है

मर्जे-इश्क़ की सोहबत के उठाए इल्ज़ाम
हम मरे जाते हैं जिस रोज़ से, हाल अच्छा है

दिल तो हम देंगे मगर पेशतर[5] इतना कह दो
हिज्र अच्छा है तुम्हारा कि विसाल अच्छा है

बाग़े-आलम में कोई ख़ाक फले-फूलेगा
बर्फ गिरती है उसी पर, जो निहाल[6] अच्छा है

तायरे-क़िबलानुमा[7] को है हयाते-जावेद[8]
ज़िन्दगी का मज़ा बेपर-ओ-बाल अच्छा है

आप पछताएं नहीं, ज़ोर से तौबा न करें
आप घबराएं नहीं 'दाग' का हाल अच्छा है

---

1. कष्टदायक 2. आराम की अधिकता 3. लज्जाजनक 4. संसार भर की पूंजी 5. इससे पूर्व 6. पौधा 7. मार्गदर्शक पक्षी 8. अमरत्व

(5)

अब दिल है मुक़ाम बेकसी का
यूं घर न तबाह हो किसी का

रोना है अब उस हंसी-ख़ुशी का
मातम है बहारे-ज़िन्दगी का

फिर देखते ऐश आदमी का
बनता जो फ़लक मेरी ख़ुशी का

जीते हैं किस की आस पर हम
एहसान है ऐसी ज़िन्दगी का

घेरा है हजूमे-ग़म[1] ने इतना
अरमां है मुझको बेकसी का

आगाज़[2] को कौन पूछता है
अंजाम[3] अच्छा हो आदमी का

रोकें उन्हें क्या कि है ग़नीमत
आना-जाना कभी-कभी का

कहते हैं उसे ज़बाने-उर्दू
जिसमें न हो रंग फ़ारसी का

---

1. दु:खों की भीड़ 2. प्रारम्भ 3. अंत, परिणाम

(6)

ग़म उस पर आशक़ार[1] किया, हमने क्या किया
ग़ाफ़िल[2] को होशियार किया, हमने क्या किया

हां-हां, तड़प-तड़प के गुज़ारी तुम्हीं ने रात
तुमने ही इन्तज़ार किया, हमने क्या किया

इतरा रहा है नक़्दे-मुहब्बत[3] पे दिल बहुत
ओछे को मालदार किया, हमने क्या किया

क्या फ़र्ज़ था कि सब्र ही करते फ़िराक़ में
क्यों ज़ब्र एख़्तियार किया, हमने क्या किया

कहते हैं वो शिकायते-बेदादो-ज़ोर[4] पर
तुझको ख़ुदा ने ख़्वार किया, हमने क्या किया

नासेह भी है रक़ीब, यह मालूम ही न था
किसको सलाहकार किया, हमने क्या किया

तड़पा है दिल और खाए जिगर ने भी दाग़े-हिज्र
आंखों ने इन्तज़ार किया, हमने क्या किया

रुसवा किया जो दिल ने तो अब कह रहे हैं 'दाग़'
दुश्मन को राज़दार किया, हमने क्या किया

---

1. प्रकट करना 2. लापरवाह 3. प्रेमधन 4. अत्याचार की शिकायत

(7)

तुम्हारे ख़त में नया इक सलाम किसका था
न था रक़ीब तो, आख़िर वह नाम किसका था

वफ़ा करेंगे, निबाहेंगे, बात मानेंगे
तुम्हें भी याद है कुछ, यह कलाम किसका था

रहा न दिल में, वह बेदर्द और दर्द रहा
मुक़ीम[1] कौन हुआ है, मुक़ाम किसका था

न पूछगाछ थी किसी की वहां न आवभगत
तुम्हारी बज़्म में कल अहतमाम[2] किसका था

तमाम बज़्म जिसे सुनके रह गई मुश्ताक़[3]
कहो, वो तज़क़िरा-ए-नातमाम[4] किसका था

उठाई क्यों न क़यामत अदू[5] के कूचे में
लिहाज़ आपको बख़्ते-ख़राम[6] किसका था

गुज़र गया वो ज़माना, कहूं तो किससे कहूं
ख़्याल दिल को मेरे सुब्हो-शाम किसका था

अगरचे देखने वाले तेरे हज़ारों थे
तबाह-हाल बहुत ज़ेरे-बाम[7] किसका था

हर इक से कहते हैं, क्या 'दाग़' बेवफ़ा निकला
यह पूछे उनसे कोई, वह ग़ुलाम किसका था

---

1. निवासी 2. प्रबंध 3. उत्सुक 4. अधूरी चर्चा 5. शत्रु 6. चहलकदमी 7. साये तले

(8)

न बदले आदमी जन्नत से भी बैतुल-हज़्न[1] अपना
कि अपना घर है अपना, और है अपना वतन अपना

जो यूं हो वस्ल तो मिट जाए सब रंजो-महन[2] अपना
ज़बां अपनी दहन[3] उनका, ज़बां उनकी दहन अपना

न सीधी चाल चलते हैं, न सीधी बात करते हैं
दिखाते हैं वो कमज़ोरों को तन कर बांकपन अपना

अजब तासीर पैदा की है वस्फ़े-नोके-मिज़्गां[4] ने
कि जो सुनता है, उसके दिल में चुभता है सुख़न[5] अपना

पयामे-वस्ल[6], क़ासिद[7] की ज़बानी, और फिर उनसे
ये नादानी, वो नाफ़हमी[8] ये था दीवानापन अपना

बचा रखना जुनूं के हाथ से ऐ बेकसो, उसको
जो है अब पैरहन[9] अपना, वही होगा क़फ़न अपना

निगाहे-ग़म्ज़ा[10] कोई छोड़ते हैं गुलशने-दिल को
कहीं इन लूटने वालों से बचता है चमन अपना

यह मौक़ा मिल गया अच्छा उसे तेशा[11] लगाने का
मुहब्बत में कहां सर फोड़ता फिर कोहकन[12] अपना

जो तख़्ते-लाला-ओ-गुल के खिले वो देख लेते हैं
तो फ़रमाते हैं वो कि 'दाग़' का ये है चमन अपना

---

1. निवास स्थान 2. दुःख-दर्द 3. मुख, मुंह 4. नुकीली पलकों की विशेषता 5. बातें 6. प्रणय-निवेदन 7. संदेशवाहक 8. नासमझी 9. लिबास 10. नज़र के इशारे 11. कुल्हाड़ी 12. फरहाद

(9)

जब धुआंधार गरजती हुई आती है घटा
तालु-ए-ख़फ़्ता[1] को, मयकश के जगाती है घटा

दिले-महज़ूर[2] के नालों से जो हो हमआवाज़[3]
सीना फट जाए तेरा, क्या तेरी छाती है घटा

तू तो इक क़तरा भी देती नहीं ऐ ज़ुल्फ़े-सियाह
पानी भर-भर के ज़माने को पिलाती है घटा

हिज्रे-महबूब में बेताब हूं बिस्मिल की तरह
तार-ए-बारिश[4] यह नहीं, तीर लगाती है घटा

रात भर जागे हैं अब आंख लगी है उनकी
कह दो, ख़ामोश हो, क्यों शोर मचाती है घटा

सूरते-माही[5] भी बेआब है मयकश बेताब
इस तपिश में अजल आती है, न आती है घटा

तेग़ की तरह चमक जाती है सर पर बिजली
हिज्र में मुझको बला बन के डराती है घटा

तौबा मयख़्वार की मक़बूल[6] है, जब चाहे करे
ज़ोर से, शोर से, यह मज़्दा[7] सुनाती है घटा

नहीं सावन में मेरे पास वह माहवश[8] ऐ 'दाग़'
मुझको तड़पाती है बिजली, तो रुलाती है घटा

---

1. सोया हुआ भाग्य 2. घायल हृदय 3. एक स्वर 4. पानी की झड़ी 5. मछली की भांति 6. स्वीकार, पूर्ण 7. ख़ुशख़बरी 8. चन्द्रमुखी

(10)

इस दिल्लगी में हाल जो दिल का हुआ, हुआ
क्या पूछते हैं आप, तजाहुल[1] से क्या हुआ

इस पर भी तो नहीं है ग़मे-इश्क़ में कमी
खाता है इक जहान तुम्हारा दिया हुआ

क्या ऐशे-जाविदां[3] में ग़मे-जाविदां[3] नहीं
इन्सान को है मौत का खटका लगा हुआ

बेगाना था तो कोई शिकायत न थी हमें
आफ़त तो यह हुई कि वो मिल कर जुदा हुआ

जिसने किया तपाक[4], उसी ने किया हलाक़
जो आशना[5] हुआ, वही नाआशना[6] हुआ

दुश्नाम[7] की भी आप से किसको उम्मीद थी
हमने तो उस पे सब्र किया, जो अता हुआ

बेख़ुद रहे विसाल में, बेहोश हिज्र में
क्या जाने हमसे कब वो मिला, कब जुदा हुआ

आबाद किस क़दर है इलाही अदम[8] की राह
हरदम मुसाफ़िरों का है तांता लगा हुआ

किस-किस तरह से उसको जलाते हैं रात-दिन
वो जानते हैं 'दाग़' है हम पर मिटा हुआ

---

1. नासमझी 2. सदैव भर की ख़ुशी 3. सदैव भर का दुःख 4. स्वागत 5. परिचित 6. अपरिचित 7. गालियां 8. परलोक, संसार

(11)

ज़बां हिलाओ तो हो जाए फ़ैसला दिल का
अब आ चुका है लबों पर मुआमला दिल का

किसी से क्या हो तपिश में मुक़ाबिला दिल का
जिगर को आंख दिखाता है आबला[1] दिल का

कुसूर तेरी निगाह का है, क्या ख़ता उसकी
लगावटों ने बढ़ाया है हौसला दिल का

शबाब आते ही ऐ काश मौत भी आती
उभारता है इसी सिन में वलवला[2] दिल का

निगाहे-मस्त को तुम होशियार कर देना
ये कोई खेल नहीं है मुक़ाबिला दिल का

हमारी आंख में भी अश्के-गर्म[3] ऐसे हैं
कि जिनके आगे भरे पानी, आबला दिल का

अगरचे जान पे बन-बन गई मुहब्बत में
किसी के मुंह पे न रक्खा मुआमला दिल का

करूं तो दावरे-महशर[4] के सामने फ़रियाद
तुझी को सौंप न दे वह मुआमला दिल का

कुछ और भी तुझे ऐ 'दाग़' बात आती है
वही बुतों की शिकायत, वही गिला दिल का

---

1. छाला, जख्म 2. भड़ास 3. आंसुओं की गर्मी 4. ईश्वर

(12)

कुछ और दिल्लगी नहीं इस ख़ुशनसीब से
हम जानते हैं, खेलते हो तुम रक़ीब से

बरे दुआ ए मर्ग[1] उठे किस तरह से हाथ
छुटती नहीं है नब्ज़ हमारी तबीब[2] से

मैं बदगुमानियों[3] का भी ममनून[4] हो गया
वो हाल पूछ लेते हैं मेरा तबीब से

शोख़ी में तमकनत[5] है, तो फिर नाज़ में नियाज़[6]
तालीम तुमने पायी है अच्छे अदीब से

अपना ही अक्स क्यों न हो अल्लाह रे हिजाब
देखा न आईना कभी उसने करीब से

अफ़्काए राज़े इश्क़[7] की आदत भी है बुरी
हमने हमेशा हाल छिपाया तबीब से

दीवानगी में भी न गयीं अपनी शोख़ियां
गुलशन में फूल मांगते है अन्दलीब[8] से

दुश्मन बनाये हैं मेरी क़िस्मत ने सैकड़ों
चाहा है उसको ख़ल्क[9] ने मेरे नसीब से

---

1. मृत्यु के लिए प्रार्थना 2. चिकित्सक 3. भ्रम 4. कृतज्ञ 5. चंचलता 6. कृपा 7. प्रणय का भेद छिपाना। 8. बुलबुल 9. संसार।

(13)

कुछ हमें भी ख़याल हो ही गया
आख़िर उनसे मलाल हो ही गया

उनसे मुश्किल विसाल[1] हो ही गया
था जो मुम्किन मुहाल[2] हो ही गया

दिल में रहा जब तक तेरा शिकवा
लब पे आकर सवाल हो ही गया

यास[3] अंजामकार[4] हो ही गयी
शौक़[5] ख़्वाबो ख़याल[6] हो ही गया

ऐसे वादे किये कोई जाने
आज पूरा सवाल हो ही गया

दौलते हुस्न हो कि दौलते ज़र
आख़िर-आख़िर ज़वाल[7] हो ही गया

गो[8] किया ज़ब्त ज़िक्रे दुश्मन पर
रुख़[9] से ज़ाहिर मलाल[10] हो ही गया

यूँ बुराई से हो मगर आखिर
उनको मेरा ख़याल हो ही गया

---

1. मिलन 2. कठिन 3. निराशा 4. फलदायक 5. रुचि 6. स्वप्न 7. पतन 8. यद्यपि 9. मुख 10. दुःख।

(14)

क्या तूने मेरा हाले परीशां नहीं देखा
इस तरह से देखा कि मेरी जां नहीं देखा

जब हाथ पड़ा वस्ल में शोख़ी से किसी का
फिर हमने गिरेबाँ[1] को गिरेबाँ नहीं देखा

नज़रों में समाया हुआ साया नहीं जाता
लैला ने कभी क़ैस को उरियां[2] नहीं देखा

जो दिन मुझे तक़दीर की गर्दिश[3] ने दिखाया
तूने भी वो ऐ गर्दिशे दौरां[4] नहीं देखा

क्या ऐश से मामूर[5] थी वो अंजुमन ए नाज़[6]
हमने तो वहां शम्मा का गिरिया[7] नहीं देखा

क्यों पूछते हो कौन है ये किसकी है शोहरत
क्या तुमने कभी 'दाग़' का दीवां[8] नहीं देखा

---

1. कुर्ते का ऊपरी भाग 2. नग्न 3. फेर 4. समय का फेर 5. भरी हुई 6. सौन्दर्य-सभा 7. रुदन 8. ग़ज़लों का संग्रह।

(15)

क्यों फ़िक्र इस क़दर है रक़ीबों[1] के बाब[2] में
उनके गुनाह डाल दो मेरे हिसाब में

सूफ़ी का इज्तनाब[3] है, वाइज़ का एतराज़
क्या ज़हृ घुल गया है इलाही शराब में

यारब न पूछ अरस ए महशर[4] में राज़े दिल
करता हूँ मैं हिजाब[5] की बातें हिजाब में

मैं देखता हूँ देखते ही वस्लो हिज्र में
ताबीर[6] मुझको ख़्वाब की मिलती है ख़्वाब में

आँख अपनी बन्द होते ही परदे से उठ गये
देखा था हमने ख़ाक जहाने ख़राब में

कुछ होश हो, तो 'दाग़' को समझायें नेक ओ बद
डूबा हुआ है नश्शए जाए शराब में

---

1. प्रतिद्वन्द्वी 2. विषय में 3. परहेज़ 4. प्रलय का मैदान 5. परदा 6. परिणाम।

(16)

ख़त में लिक्खे हुए रंजिश के कलाम आते हैं
किस क़यामत के ये नामे[1] मेरे नाम आते हैं

ताबे नज़्ज़ारा[2] किसे, देखे जो उनके जल्वे
बिजलियां कौंधती हैं, जब लबे बाम[3] आते हैं

तो सही हश्र में तुझसे जो न कहला दूं
दोस्त वो होते हैं, जो वक़्त पे काम आते हैं

रहरवे ए राहे मुहब्बत का ख़ुदा हाफ़िज़ है
इसमें दो-चार बहुत सख़्त मुक़ाम आते हैं

सब्र करता है कभी और तड़पता है कभी
दिले नाकाम को अपने यही काम आते हैं

न किसी शख़्स की इज़्ज़त, न किसी की तौक़ीर[4]
आशिक़ आते हैं तुम्हारे कि गुलाम आते हैं

रस्मे तहरीर भी मिट जाये, यही मतलब है
उनके ख़त में मुझे ग़ैरों के सलाम आते हैं

गिरिया[5] हो, नाला हो कि हसरत हो
आने वाली तेरी फर्कत में मदाम[6] आते हैं

---

1. पत्र 2. देखने का हौसला 3. मुंडेर पर 4. आदर 5. रोना 6. सदैव।

(17)

गर मेरे अश्के सुर्ख़[1] से रंगे हिना[2] मिले
जो चोर की सज़ा, वही मुझको सज़ा मिले

जाते थे मुंह छुपाये हुए मैकदे[3] को हम
आते हुए उधर से कई पारसा मिले

अपनी भी शामत[4] आयी, तौबा[5] के साथ ही
अह्दे शबाब[6] के जो कहीं आश्ना[7] मिले

शौक़े विसाल[8] ख़ाक में सबको मिलायेगा
तुम क्यों मिले किसी से, तुम्हारी बला मिले

अल्लाह दे, तो फ़क़्र[9] की दौलत है सल्तनत[10]
जितने फ़क़ीर मुझको मिले, बादशाह मिले

दुनिया में दिल्लगी के लिए कुछ तो चाहिए
हम इन बुतों से मिलते हैं, जब तक ख़ुदा मिले

इस वास्ते उठायी हैं तेरी बुराइयां
डरता हूँ मैं कि और ना तुम-सा बुरा मिले

ऐ 'दाग़' अपनी वज़्आ[11] हमेशा यही रही
कोई खिंचा-खिंचा, कोई हमसे मिला-मिले

---

1. लाल आँसू 2. मेंहदी का रंग 3. मदिरालय 4. मुसीबत 5. इनकार 6. जवानी के दिन 7. मित्र 8. मिलन की इच्छा 9. फ़क़ीरी 10. राज़्य 11. ढंग।

(18)

गिरह[1] जो पड़ गयी रंजिश[2] में वो मुश्किल से निकलेगी
न उनके दिल से निकलेगी, न मेरे दिल से निकलेगी

अदा तेरी, फ़ुग़ां[3] मेरी, भला कब चैन देती है
जिगर थामे हुए ख़िल्कत तेरी महफ़िल से निकलेगी

किसी बद ख़ू[4] से हम कहने लगे थे मुद्दआ[5] अपना
ये क्या मालूम था आवाज़ भी मुश्किल से निकलेगी

तरसते[6] हैं क़यामत के, ग़ज़ब के, रात-दिन फ़िक़रे[7]
नयी जब बात निकलेगी, तेरी महफ़िल से निकलेगी

रुमूज़े आशिक़ी[8] का आशिको तुम 'दाग़' से पूछो
कि बारीकी में बारीकी[9] उसी कामिल[10] से निकलेगी

---

1. गांठ 2. शत्रुता 3. रुदन 4. बुरी आदत वाला 5. अभिप्राय 6. बनाना 7. उच्च श्रेणी 8. बातें 9. प्रेम का भेद 10. दक्ष।

(19)

ग़ैर को मुंह लगा के देख लिया
झूठ-सच आज़मा के देख लिया

उनके घर दाग़ जा के देख लिया
दिल के कहने में आ के देख लिया

कितनी फ़रहत फ़िज़ा[1] थी बूए वफ़ा[2]
उसने दिल को जला के देख लिया

जिस[3] दिल है, वो है नहीं सौदा
हर जगह से मंगा के देख लिया

जाओ भी, क्या करोगे मेह्र ओ वफ़ा[4]
बारहा[5] आज़मा के देख लिया

इधर आईना है, उधर दिल है
जिसको चाहा, उठा के देख लिया

---

1. आरामदायक 2. प्यार की सुगन्ध 3. सामान 4. कृपा 5. बार-बार।

(20)

उसने सुब्हे शबे विसाल मुझे
जाते-जाते भी आ के देख लिया

'दाग़' ने ख़ूब आशिक़ी का मज़ा
जल के देखा, जला के देख लिया

ग़ैर पर लुत्फ़ ओ करम[1] बस हो चुका
हो चुका हम पर सितम बस हो चुका

दिल में रहने दे कसक[2] ऐ चारागर[3]
दर्द अपना कम से कम बस हो चुका

मैं दमे आख़िर से अपने शाद[4] हूँ
इन्तिहा का रंजो ग़म बस हो चुका

गर यही कसमें हैं, तो मुझको यकीं
आपके सर की क़सम बस हो चुका

देखता भी तो नहीं वो बादाख़्वार[5]
साग़रे दिल जामे जम बस हो चुका

कल जो इक दाग़े हज़ी[6] मशहूर था
आज वो बीमारे ग़म बस हो चुका

---

1. कृपा 2. दर्द 3. चिकित्सक 4. प्रसन्न 5. शराबी 6. दुःख का चिन्ह।

(21)

चले आते हो ऐसे बेक़रार आये, तो क्या आये
कि घोड़े पर हवा के तुम सवार आये, तो क्या आये

बहुत तकलीफ़ पायी है, बहुत सदमे उठाये हैं
तबीअत अब कहीं बे इख़्तियार[1] आये, तो क्या आये

हवा भी तेरी ख़िल्वतगाह[2] में आने नहीं पाती
तेरे दर तक मेरा मुश्ते ग़ुबार[3] आये, तो क्या आये

बढ़ी आती है, आये, जो उमीदी पेशवाई[4] की
तेरे दर पर कोई उम्मीदवार आये, तो क्या आये

क़दम रक्खा था बाज़ीगाहे उल्फ़त[5] में कि दिल खोया
गये थे जीतने, क्या चीज़ हार आये, तो क्या आये

जो हैं अह्ले हवस साक़ी, शराबे इश्क़ का उनको
सुरूर आये, तो क्या आये, ख़ुमार आये, तो क्या आये

तुम्हारी बज़्म में देखा न हमने 'दाग़'-सा कोई
जो सौ आये, तो क्या आये, हज़ार आये, तो क्या आये

---

1. आसपास 2. एकान्त 3. मुल्ली-भर धूल 4. स्वागत 5. प्रेम के खेल का मैदान।

(22)

चोट खाना दिले हज़ीं[1] न कहीं
दर्द रह जायेगा कहीं न कहीं

है कुदूरत[2] भरी हुई इसमें
आसमां पर भी हो ज़मीं न कहीं

हाल पहलू बचा के लिक्खा है
ताड़ जाये वो नुक्ताचीं[3] न कहीं

न करो इम्तिहाने मेहर ओ वफ़ा[4]
आये इस झूठ पर यक़ीं न कहीं

मौत उसी आस्तां[5] पे आ जाये
सिर्फ सिज्दा हो फिर जबीं न कहीं

आपकी गुफ्तगू का क्या कहना
चार बातें भी दिलनशीं न कहीं

'दाग़' फिर ताक-झांक करते हैं
अब घिरे, अब फंसे कहीं न कहीं

---

1. दुखी मन 2. शत्रुता 3. बहस करने वाला 4. कृपा-धर्म 5. चौखट।

(23)

छीनकर बुत[1] दिले नाकाम[2] लिये जाते हैं
लूटकर राहत ओ आराम लिये जाते हैं

नज़र आता हूँ, न उस बज़्म से उठ सकता हूँ
नातवानी[3] से बड़े काम लिये जाते हैं

गर्चे देते हैं ज़ुबां से वो शिकायत का जवाब
दिल में क्या-क्या दमे इल्ज़ाम[4] लिये जाते हैं

शिकवा ए मेहर ओ वफ़ा[5] किसने कहा, किसने सुना
फिर वही आप मेरा नाम लिये जाते हैं

जब तसव्वुर में कोई परदानशीं[6] होता है
दिल से आँखों के बहुत काम लिये जाते हैं

मोल जन्नत का हुआ नदे इबादत[7] ज़ाहिद
है कहीं माल, कहीं दाम लिये जाते हैं

क्या मज़ा है कि शिकायत में मज़ा आता है
खुद ही इल्ज़ाम पे इल्ज़ाम लिये जाते हैं

मैकशो हज़रते ज़ाहिद[8] की तलाशी लेना
कि छुपाये हुए वो जाम लिये जाते हैं

---

1. माशूक 2. बरबाद 3. कमजोरी 4. कमज़ोरी 5. दोष देते समय 6. कृपा और सच्चाई की शिकायत 7. परदा करने वाले 8. उपदेशक महोदय।

(24)

जब मए लालाफ़ाम[1] होती है
मुझको तौबा[2] हराम होती है

ये भी तर्जे ख़राम[3] होती है
सारी दुनिया तमाम होती है

ख़ूबरू[4] वो है, जिसकी ख़ू[5] अच्छी
शम्मा सूरत[6] हराम होती है

तोड़ता है उसी को वो गुलचीं[7]
जो कली दिल की ख़ाम[8] होती है

दिल ही दिल में तेरे रक़ीबों से
गुफ़्तगू ला-कलाम[9] होती है

सुब्ह होने तो दो, चले जाना
शब की नीयत हराम होती है

हर्फ़े मतलब[10] कहा नहीं जाता
बात उनसे मदाम[11] होती है

ये सुना है कि बिरहमन से भी
शैख़ की राम-राम होती है

---

1. लाल रंग की 2. छोड़ना 3. चलने का ढंग 4. सुन्दर चेहरा 5. आदत 6. अच्छी सूरत वाला 7. माली 8. कच्ची 9. बन्द होना 10. अभिप्राय 11. प्रायः।

(25)

जिसने हमारे दिल को नमूना दिखा दिया
उस आईने को ख़ाक में उसने मिला दिया

इनकारे-मैकशी[1] ने मुझे क्या मज़ा दिया
सीने पे चढ़ के उसने ख़ुमे-मै[2] पिला दिया

दुनिया में इक यही है ज़ियारत गहे[3] जुनूं[4]
ख़ाना ख़राबियों ने मेरा घर बना दिया

ताहश्र[5] मुनकिरैन[6] क़यामत न मांगते
तुझको बना के इसका नमूना दिखा दिया

सर्फ़े बिना[7] बुतक़दा[8] ए शैख़[9] कुछ न पूछ
अक्सर इक ईंट के लिए मस्जिद को ढा दिया

वो नाज़ से ज़मीन पर रखते न थे क़दम
तारीफ़ करके और भी हमने उड़ा दिया

काम आ गया हुजूम रक़ीबों का बज़्म में
उस फ़ित्नागर[10] की आँख से मुझको छिपा दिया

समझेंगे ख़ूब उस बुते नाआश्ना[11] से 'दाग़'
गर एक बार और ख़ुदा ने मिला दिया

---

1. मदिरापान 2. मदिरापात्र 3. दर्शनस्थल 4. पागलपन 5. प्रलय तक 6. मूल्य 7. नींव 8. मन्दिर 9. उपदेशक। 10. अपरिचित 11. मित्र।

(26)

जो पुर्ज़े हों न सहरा में, जो टुकड़े हों न गुलशन
में गिरेबां में गिरेबां है, न वो दामन है दामन में

क़यामत की तजल्ली है, तुम्हारे रूपे रौशन में
मुझे डर है कि देखो आग लग जाये न चिलमन में

तुम्हारे वास्ते मैं ग़ैर को तनहा न छोडूंगा
समझ लेना कि दो मुर्दे गड़ेंगे एक मदफ़न[1] में

किसी के ख़ौफ़[2] से जी खोलकर रोया नहीं जाता
कि जो आँसू टपकता है, छिपा लेता हूँ दामन में

गिरे कोसों अलग ख़ौफ़ ओ ख़तर से कांपकर बिजली
अगर तुख़्मे मुहब्बत[3] एक भी हो सारे ख़िरमन[4] में

कभी हम वहशियों के घर की आबादी नहीं जाती
अगर कोई न हो, तो ख़ानावीरानी है मसकन[5] में

---

1. क़ब्र 2. भय 3. प्रेम का बीज 4. खलिहान 5. आवास।

(27)

नये गुल फूलते हैं, क्या निराले रंग खिलते हैं
बहारें जो तेरी महफ़िल में हैं, वो कब हैं गुलशन में

ग़ज़ब हैं 'दाग़' ये दिन-रात, ये बरसात यूं गुज़रे
कहां वो रश्के गुल झूला झुलाये जिसको सावन में

जो मैफ़रोश[1] से सौदा बने, तो कर लेना
कमी हो हज़रते ज़ाहिद, वो हमसे भर[2] लेना

बिगड़ के जायें वो, नादान[3] बन के आये हम
कि है बजा[4] उन्हें दुश्मन को दोस्त कर लेना

शिकारे-तीरे नज़र दिल हुआ, जिगर न हुआ
ये बच रहा है, ज़रा इसकी भी ख़बर लेना

अबस[5] निबाह[6] के वादे से तुम तो डरते हो
ये कौन बात है, इक दिन निबाह कर लेना

शबीह[7] लायेंगे यूसफु[8] की अह्ले म्रि[9] यहां
बड़ा मुक़ाबला है, तुम भी बन संवर लेना

ग़रज़[10] तुम्हें, जो सुनो उनसे ग़ैर का शिकवा[11]
ये क़िस्सा मोल न ऐ 'दाग़' अपने सर लेना

---

1. मदिरा बेचने वाला 2. पूरा करना 3. नासमझ 4. उचित 5. बेकार 6. पूरा करना 7. चित्र 8. मिस्त्र देश का एक सुन्दर राज़ा 9. मिस्त्र देश का रहने वाला 10. मतलब 11. शिकायत।

(28)

तड़पते हैं उन्हें ग़ैरों की चाहत ऐसी होती है
ख़ुदा की शान है, ऐसों की हालत ऐसी होती है

जब आँखों में लगाता हूँ, तो चुपके-चुपके हंस-हंसकर
तेरी तस्वीर भी कहती है, सूरत ऐसी होती है

किया नज़्ज़ारा[1] बज़्मे ग़ैर[2] में, उस हूरे तलअत[3] का
ये क्या मालूम था, दोज़ख़[4] में जन्नत ऐसी होती है

अभी तो खेल समझे हो, मगर इक दिन दिखा देंगे
क़यामत इसको कहते हैं, क़यामत ऐसी होती है

हमारी शक्ल तेरे ग़म में पहचानी नहीं जाती
बिगड़ जाती है सूरत भी मुसीबत ऐसी होती है

ग़ज़ब में जान है, बरसों के शिकवे भूल जाता हूँ
कभी दो-चार दिन उनकी इनायत[5] ऐसी होती है

ज़रा-सी बात पर ऐ 'दाग़' तुम उनसे बिगड़ बैठे
इसी का नाम उल्फ़त है, मुहब्बत ऐसी होती है

---

1. दृश्य का दर्शन 2. परायों की सभा 3. परी के समान सुन्दर 4. नरक 5. कृपा।

(29)

तमाम रात वो जागे, वो सोये सारे दिन
ख़बर ही क्या उन्हें, क्योंकर कटे हमारे दिन

ख़ुदा बचाये, क़यामत के हैं तुम्हारे दिन
ये प्यारी-प्यारी जवानी, ये प्यारे-प्यारे दिन

मुझे गुज़रती है इक-इक घड़ी क़यामत की
जो इस तरह से गुज़ारे, तो क्या गुज़ारे दिन

किसी के जाते हुए, घर में हुई वो तारीकी[1]
चिराग़ मैंने जलाये हैं आज सारे दिन

मेरे जिगर पे हैं, दाग़े फ़िराक़[2], रोज़े फ़िराक़[3]
दिखा रहा है चमकते हुए सितारे दिन

शबे फ़िराक़[4] हो क्योंकर नसीब रोज़े फ़िराक़
कि ज़ुल्फ़े लैला की शब किस तरह संवारे दिन

लड़े जो ग़ैर की इशरत[5] से अपने लैलो निहार[6]
तो रात-रात से हो मात, दिन से हारे दिन

उन्होंने वादा किया आज शब को आने का
ख़ुशी तो जब है, ख़ुदा खैर से गुज़ारे दिन

---

1. अन्धकार 2. वियोग के चिन्ह 3. विरह के दिन 4. विरह की रात 5. ख़ुशी 6. दिन-रात।

(30)

हमारी तरफ़ अब वो कम देखते हैं
वो नज़रें नहीं, जिनको हम देखते हैं

हमें चश्मे बीना[1] दिखाती है सब कुछ
वो अन्धे हैं, जो जामे जम देखते हैं

न ईमां ए ख़्वाहिश[2] न इज़्हारे मतलब
मेरे मुंह को अह्ले करम देखते हैं

ग़नीमत है चश्मे तग़ाफ़ुल[3] भी उनकी
बहुत देखते हैं, जो कम देखते हैं

उन्हें क्यों न हो दिलरुबाई[4] से नफ़रत
कि हर दिल में वो ग़म अलम[5] देखते हैं

जवाबे ख़ते शौक़ लिखना है मुश्किल
वो घड़ियों शिगाफ़े क़लम[6] देख़ते हैं

---

1. देखने वाले नेत्र 2. इच्छापूर्ति 3. लापरवाह नेत्र 4. प्रेम करना 5. दुःख दर्द 6. क़लम की दरार।

(31)

तुमको चाहा, तो ख़ता क्या है, बता दो मुझको
दूसरा कोई तो अपना-सा दिखा दो मुझको

कौन होता है कड़ी बात को सहने वाला
गालियां तुमको सिखा दीं, ये दुआ दो मुझको

बाग़े फ़िरदौस[1] में भी बूए वतन[2] याद रहे
इत्र मिट्टी का दमे मर्ग[3] सुंघा दो मुझको

ग़ैर को दस्ते हिनाई[4] न दिखाओ, देखो
गर लगानी है यूं ही आग, लगा दो मुझको

दिल में सौ शिकवा ए ग़म[5] पूछने वाला ऐसा
क्या कहूँ हश्र[6] के दिन, यह तो बता दो मुझको

मुझको मिलता ही नहीं मेहर ओ मुहब्बत का निशां
तुमने देखा हो किसी में, तो बता दो मुझको

बे मुरव्वत[7] दिले बेताब से हो जाता है
शेवा ए ख़ास[8] तुम अपना ही सिखा दो मुझको

तुम भी राज़ी हो, तुम्हारी भी ख़ुशी है कि नहीं
जीते जी 'दाग़' ये कहता है, मिटा दो मुझको

---

1. स्वर्ग 2. स्वदेश की सुगन्ध 3. मरते समय 4. मेंहदी रचे हाथ 5. शिकायत 6. परिणाम 7. बिना झिझक के 8. विशेष ढंग।

(32)

तुमने बदले हमसे गिन-गिन के लिये
हमने क्या चाहा था इस दिन के लिए

कुछ निराला है जवानी का बनाव
शोख़ियां[1] ज़ेवर[2] हैं इस सिन[3] के लिए

दिल के लेने को ज़मानत[4] चाहिए
और इत्मीनान ज़ामिन[5] के लिए

वो नहीं सुनते हमारी, क्या करें
मांगते हैं हम दुआ जिनके लिए

आजकल में 'दाग़' होंगे कामयाब
क्यों मरे जाते हो दो दिन के लिए

---

1. हाव-भाव 2. आभूषण 3. आयु 4. उत्तरदायित्व 5. उत्तरदायी।

(33)

वो क़त्ल करके मुझे हर किसी से पूछते हैं
ये काम किसने किया है, ये काम किसका था

वफ़ा करेंगे, निबाहेंगे, बात मानेंगे
तुम्हें भी याद है कुछ, ये कलाम किसका था

रहा न दिल में वो बेदर्द और दर्द रहा
मुक़ीम कौन हुआ है, मुक़ाम किसका था

इन्हीं सिफ़ात[1] से होता है आदमी मशहूर
जो लुत्फ़[2] आप वो करते, तो नाम किसका था

हर इक से कहते हैं क्या 'दाग़' बेवफ़ा निकला
ये पूछे इनसे कोई, वो गुलाम किसका था

---

1. गुणों 2. आनन्द।

(34)

तूर[1] के पहलू में इक बुतख़ाना ऐसा चाहिए
शोर उट्ठे जल्व ए जाना ऐसा चाहिए

दिलरुबा कहलाये दिलाज़ार[2] ऐसा चाहिए
आश्ना कहिये जिसे बेगाना ऐसा चाहिए

एक क़तरा[4] भी न ऐ साक़ी मिले कमजर्फ़[5] को
इन्तिज़ामे बादा ओ पैमाना ऐसा चाहिए

तीर तेरा दिल में रह-रहकर खिंचा किस-किस तरह
जो करे मिलकर दग़ा बेगाना ऐसा चाहिए

देखकर चाहत मेरी कहते हैं सब अह्ले नज़र[6]
गुल को बुलबुल शम्आ को परवाना ऐसा चाहिए

जब्र[7] पर हो सब्र उल्फ़त में जफ़ा पर हो वफ़ा
तुझको तो ऐ हिम्मते मर्दा ना ऐसा चाहिए

हिज्र में उस शम्मा रू[8] का दिल जला फर्क़त[9] में भी
जो अंधेरे में जले परवाना ऐसा चाहिए

ख़ूब जी भरकर सुना पहले तो क़िस्सा 'दाग़' का
फिर कहा दिल थामकर अफ़साना ऐसा चाहिए

---

1. प्रिय की ज्योति 2. कष्ट देने वाला 3. मित्र 4. बूंद 5. ओछा 6. देखने वाले 7. अत्याचार 8. दीपक-जैसे मुख वाली 9. वियोग।

(35)

तू ही अपने हाथ से जब दिलरुबा[1] जाता रहा
दिल की भी परवा नहीं, जाता रहा, जाता रहा

मर्गे दुश्मन[2] का ज़ियादा तुमसे है मुझको ख़याल
दुश्मनी का लुत्फ़, शिकवों[3] का मज़ा जाता रहा

अच्छी सूरत भी किया करती थी अक्सर ताक-झांक
रह गयीं आखें, मगर वो देखना जाता रहा

हिर्स[4] दामनगीर[5] दुनिया माले दुनिया बेसबात[6]
जिस क़दर हासिल किया, उससे सिवा जाता रहा

'दाग़' कुछ दरहम न था, जिसका उन्हें होता ख़याल
हो गया, गुम हो गया, जाता रहा, जाता रहा

---

1. दिल को अच्छा लगने वाला 2. शत्रु की मौत 3. शिकायत 4. लालच 5. लिपटी हुई 6. नश्वर।

(36)

तेरी महफ़िल में ये कसरत[1] कभी थी
हमारे रंग की सोहबत कभी थी

इस आजादी में भी वहशत[2] कभी थी
मुझे अपने से भी नफ़रत कभी थी

हमारा दिल हमारा दिल कभी था
तेरी सूरत तेरी सूरत कभी थी

हुआ इंसान की आँखों से साबित
अयां[3] कब नूर में ज़ुल्मत[4] कभी थी

उसी हसरत में दिल अब मुब्तिला[5] है
कि जिस उम्मीद में हसरत कभी थी

दिले वीरां में बाक़ी हैं ये आसार
यहां ग़म था, यहां हसरत कभी थी

तुम इतराये कि बस, मरने लगा 'दाग़'
बनावट थी, जो वो हालत कभी थी

---

1. भीड़ 2. जंगलीपन 3. प्रकट 4. अंधेरा 5. व्यस्त।

(37)

दर्द बनकर दिल में आना कोई तुमसे सीख जाये
जाने आशिक़ हो के जाना कोई तुमसे सीख जाये

हर सुख़न[1] पे रूठ जाना कोई तुमसे सीख जाये
रूठकर फिर मुसकुराना कोई तुमसे सीख जाये

वस्ल की शब चश्मे ख़्वाब आलूदा[2] को मलते उठे
सोते फ़ित्ने[3] को जगाना कोई तुमसे सीख जाये

कोई सीखे ख़ाकसारी[4] की रविश[5] तो हम सिखायें
ख़ाक में दिल को मिलाना कोई तुमसे सीख जाये

आते-जाते यूं तो देखे हैं हज़ारों ख़ुशख़राम[6]
दिल में आकर दिल से जाना कोई तुमसे सीख जाये

देखकर आईना इतराये कि हम भी कोई हैं
अपनी नज़रों समाना कोई तुमसे सीख जाये

---

1. बात 2. नींद में मदमाती 3. दबे हुए झगड़े 4. नम्रता 5. ढंग 6. मस्तानी चाल चलते हुए।

(38)

इक निगाहे लुत्फ़ पर लाखों दुआएं मिल गयीं
उम्र को अपनी बढ़ाना कोई तुमसे सीख जाये

जान से मारा उसे, तनहा जहां पाया जिसे
बेकसी में काम आना कोई तुमसे सीख जाय

दर्दे दिल का कोई पहलू जो निकालूं, तो कहूँ
अपने रूठे हुए दिलबर को मना लूं, तो कहूँ

ज़ह्र से कम नहीं अह्बाब[1] के ताने मुझको
जो है दिल में, उन्हें दीवान बना लूं, तो कहूँ

जो मेरे दिल में है, कहते हुए डर लगता है
गुदगुदा लूं, तो कहूँ, पांव दबा लूं, तो कहूँ

यक-ब-यक[2] हाल मेरा सुन के उखड़ जायेंगे
हमनशीं[3] मैं उन्हें बातों में लगा लूं, तो कहूँ

मैं हूँ बेहाल, वो बदमस्त, फ़साना[4] है दराज़[5]
दिल को थामूं, तो कहूँ, उनको संभालूं, तो कहूँ

रात-भर हिज्र[6] में जागा हूँ, मैं ऐ दावरे हश्र[7]
हाले दिल कोई घड़ी आँख लगा लूं, तो कहूँ

हाले ग़म के लिए उसकी भी शहादत[8] है ज़रूर
डेढ़ अक्षर दिले मुज़्तर[9] को पढ़ा लूं, तो कहूँ

जो गुज़रती है मेरे दम पे, न पूछो मुझसे
गालियां इश्क़े मुहब्बत को सुना लूं, तो कहूँ

---

1. मित्रगण 2. अचानक 3. प्रियवर 4. कहानी 5. लम्बी 6. विरह 7. ईश्वर 8. गवाही 9. बेचैन हृदय।

(39)

दिल गया, तुमने लिया, हम क्या करें
जाने वाली चीज़ का ग़म क्या करें

एक साग़र पर है अपनी ज़िन्दगी
रफ़्ता-रफ़्ता[1] इससे भी कम क्या करें

कर चुके सब अपनी-अपनी हिकमतें[2]
दम निकलता है, ऐ हमदम क्या करें

दिल ने सीखा शेवा ए बेगानगी[3]
ऐसे नामहरम[4] को महरम[5] क्या करें

मामला है आज हुस्नो इश्क़ का
देखिये वो क्या करें, हम क्या करें

तुन्द-ख़ू[6] है, कब सुने वो दिल की बात
और भी बरहम[7] को बरहम क्या करें

आईना है और वो हैं, देखिये
फैसला दोनों ये बाहम[8] क्या करें

कह रहे अह्ले सिफ़ारिश मुझसे 'दाग़'
तेरी क़िस्मत है बुरी, हम क्या करें

---

1. धीरे-धीरे 2. चिकित्सकीय उपाय 3. अपरिचित-जैसा व्यवहार 4. अज्ञानी 5. ज्ञानी 6. चिड़चिड़ा 7. क्रोधित 8. परस्पर।

(40)

दिल जो नाकाम हुआ जाता है
शौक़ का काम हुआ जाता है

न मिटाओ किसी आशिक़ का निशां
नाम बदनाम हुआ जाता है

लुत्फे ईज़ा तलबी[1] क्या कहिये
दर्द आराम हुआ जाता है

रंग लायेगा तेरा रंगे अताब[2]
चेहरा गुलफ़ाम[3] हुआ जाता है

आजकल कसरते अश्शाक़[4] से इश्क़
शेवा ए आम[5] हुआ जाता है

देखकर मस्त वो काफ़िर आखें
ख़ूने इस्लाम हुआ जाता है

'दाग़' के पास जो आओ, तो अभी
दूर इल्ज़ाम हुआ जाता है

---

1. कष्ट पाने का स्वाद 2. क्रोध 3. सुन्दर 4. प्रेमीगण 5. साधारण बात।

(41)

दिल दो तरह का तेरी मुहब्बत में चाहिए
राहत में एक, एक मुसीबत में चाहिए

इक इज्तिराबे शौक़[1] तबीअत में चाहिए
जो कुछ न चाहिए, वो मुहब्बत में चाहिए

कुछ लाग[2] कुछ लगाव तबीअत में चाहिए
दोनों तरह का रंग मुहब्बत में चाहिए

बुतगर[3] से इल्तिजा[4] है कि दे दे बना के वो
पत्थर का दिल, किसी की मुहब्बत में चाहिए

सुब्हे शबे फ़िराक़[5] न हो जाये शमा गुल
कोई शरीके हाल मुसीबत में चाहिए

कुछ तो पड़े दबाव दिले बेक़रार पर
पारा हुआ यारा मेरी तुर्बत[6] में चाहिए

जो दिन हैं ज़िन्दगी में, वो गुज़रें हंसी-ख़ुशी
बाहम[7] सलूक मेहर ओ मुहब्बत में चाहिए

ये क्या कि दोनों सूरते तस्वीर बन गये
थोड़ी-सी छेड़छाड़ भी सोहबत[8] में चाहिए

---

1. उत्सुकता की व्यग्रता 2. हठधर्मिता 3. मूर्तिकार 4. प्रार्थना 5. विरह की रात 6. क़ब्र 7. परस्पर 8. साथ।

(42)

दिल में क्या मेह्रबां नहीं आती
बात कहने में हां नहीं आती

बढ़ गया तुझसे वो सितम ईजाद[1]
शर्म ऐ आसमां नहीं आती

किस तरह क़ौल[2] के हों वो सच्चे
मेरे मुंह में जुबां नहीं आती

है तबीअत में अपनी हरजाई[3]
किस जगह, यह कहां नहीं आती

जल के दिल ख़ाक हो गया शायद
बूए सोज़े निहां[4] नहीं आती

गो बला है मुफ़ारक़त[5] तेरी
नहीं आती, जहां नहीं आती

---

1. अत्याचारी 2. वादा 3. बेवफा 4. जलन की छिनी हुई गन्ध 5. वियोग।

(43)

बेख़ुदी में कहा था उसने हाल
याद वो दास्तां नहीं आती

है नज़ाकत भरी ख़बर उनकी
कि वहां से यहां नहीं आती

दिल में फ़रहत[1] जो कभी आती है
अपने रोने पे हंसी आती है

क्यों सबा[2] को न बताऊं क़ासिद[3]
अभी जाती है, अभी आती है

क्या है गिनती मेरे अरमानों की
फ़ौज की फौज चली आती है

ये सबब क्या है, जिधर जाता हूँ
सामने तेरी गली आती है

शाख़े उम्मीद[4] जो होती है हरी
साथ पत्तों के कली आती है

क्या अदम[5] से हमें आने की ख़ुशी
मौत भी साथ लगी आती है

तुझको ऐ गुंच ए गुल इसकी तरह
खिल-खिलाकर भी हंसी आती है

मुजरिमे इश्क़ हुए तुम ऐ 'दाग़'
अब वहां से तलबी[6] आती है

---

1. ख़ुशी 2. प्रातःकाल की हवा 3. सन्देशवाहक 4. आशाओं की डाली 5. परलोक 6. बुलावा।

(44)

दिले नाकाम के हैं काम ख़राब
कर लिया आशिकों में नाम ख़राब

ज़ुल्फ़ है चोर चश्मे यार[1] शरीर[2]
हुस्न का सब है इन्तिज़ाम ख़राब

देखकर जिन्से दिल[3] वो कहते हैं
क्यों करे कोई अपने दाम ख़राब

अब्रे तर[4] से सबा ही अच्छी थी
मेरी मिट्टी हुई तमाम ख़राब

क्या मिला हमको ज़िन्दगी के सिवा
वो भी दुश्वार नातमाम[5] ख़राब

चाल की रहनुमा ए इश्क़ ने भी
वो दिखाया, जो था मुक़ाम ख़राब

'दाग़' है बदचलन, तो होने दे
सौ में होता है इक गुलाम ख़राब

---

1. प्रिय की दृष्टि 2. नटखट 3. हृदय की वस्तु 4. भीगी बदली 5. अधूरा॥

(45)

देखें तो क़ैसे फ़ित्ने हैं नीची निगाह में
आईना रख दे काश कोई उनकी राह में

उम्मीदवार रहमते बारी[1] हूँ इस क़दर
होता हूँ मैं शरीक पराये गुनाह में

किस फ़ित्नागर[2] की चाल ने बेताब कर
दिया नक्शे कदम भी दौड़ते फिरते हैं राह में

होती है देखने के लिए आँख में निगाह
देखो तुम्हारी आँख है मेरी निगाह में

महशर[3] में किस तरफ़ से ये आने लगी सदा
आना हो जिसको आये, हमारी पनाह में

दिल भी कहीं जमे, तो हमारा क़दम जमे
इक पांव बुतकदा[4] में, तो इक ख़ानकाह[5] में

हंगामे शिकवे ख़ौफ़ बिठाने में फ़ायदा
तुम ख़ुद ही बैठ जाओ दिले दादख़्वाह[6] में

क्यों 'दाग़' देहलवी की ज़ुबां मुस्तनद[7] न हो
पैदा किया ख़ुदा ने उसे तख़्तगाह[8] में

---

1. प्रभु-कृपा 2. उपद्रवी 3. प्रलय के दिन 4. मन्दिर 5. मस्जिद 6. न्याय चाहने वाला 7. प्रमाणित 8. राजधानी।

(46)

न जाओ, हाले दिलेज़ार[1] देखते जाओ
कि जी न चाहे तो नाचार[2] देखते जाओ

बहारे उम्र में बाग़े जहां की सैर करो
खिला हुआ है ये गुलज़ार देखते जाओ

उठाओ आँख, न शरमाओ, ये तो महफ़िल है
ग़ज़ब[3] से जानिबे अग्यार[4] देखते जाओ

हुआ है क्या, अभी हंगामा और कुछ होगा
फ़ुग़ां[5] में हश्र के आसार देखते जाओ

तुम्हारी आँख मेरे दिल से बेसबब, बेवजह
हुई है लड़ने को तैयार देखते जाओ

न जाओ बन्द किये आँख रहवाने क़दम[6]
इधर-उधर भी ख़बरदार देखते जाओ

कोई-न-कोई हर इक शे'र में है बात ज़रूर
जनाबे 'दाग़' के अश्आर देखते जाओ

---

1. दुखी हृदय 2. बिना इच्छा के 3. क्रोध 4. रोना-चिल्लाना 5. दूसरे लोग 6. परलोक के यात्री।

(47)

नज़ाकत मान-ए ज़ोर आज़्माई[1] होती जाती है
कि शाख़े गुल-सी जब उनकी कलाई होती जाती है

फंसाकर ज़ुल्फ़ में दिल उम्र-भर उनकी बला रक्खे
असीरी[2] होती जाती है, रिहाई होती जाती है

मुबारकबाद अब सैयाद[3] को मुज़्दा[4] असीरी का
बहत मशहूर मेरी ख़ुशनवाई[5] होती जाती है

बढ़ाया शौक़ ने आगे, हटाया ख़ौफ़ ने पीछे
रसाई[6] में भी उस तक नारसाई होती जाती है

निकल जायेंगे बल, मिलना न छोड़ो रस्तबाज़ों[7] से
बहुत सीधी तुम्हारी कजअदाई[8] होती जाती है

हमें भी सब्र आये, साफ़ कह दो, हम नहीं डरते
अलग हर चीज़ क्यों हमसे पराई होती जाती है

मुख़ातिब[9] हो किसी से बज़्म में वो चोट है मुझ पर
मेरे ही सामने मेरी बुराई होती जाती है

वो चश्मे फ़ित्ना जा[10] से देखकर आईना कहते हैं
बहुत से शोख़ तुझमें बेवफ़ाई होती जाती है

---

1. शक्ति प्रदर्शन करना 2. क़ैद 3. माली 4. प्रसन्नतादायक समाचार 5. गायन 6. पहुंच 7. सच्चे लोग 8. टेढ़ी चाल 9. प्रत्यक्ष रूप से मिलना 10. झगड़ालू नेत्र।

(48)

नब्ज़े बीमार कभी और कभी दिल देखा
फिर किया क़त्ल नया, आपको क़ातिल देखा

मौत भी छू न सकी मुझको रहे उल्फ़त[1] में
मैंने फिर-फिर के अजल[2] को नयी मंज़िल देखा

नाख़ुदा[3] से कहो बहने दे हमारी कश्ती
हमने गिरदाब[4] जो देखा, लबे साहिल[5] देखा

क्या समझते नहीं ज़ाहिर की मुलाक़ात को हम
दिल तुम्हारा न मिला, हमने गले मिल देखा

क्या दिलावर[6] है कोई उसका कलेजा देखा
जिसने बेताब मुहब्बत में मेरा दिल देखा

गालियां देते हो, फिर कहते हो तुम ये मुझसे
हमने तुझको इसी लायक़, इसी क़ाबिल देखा

इश्क़ की चोट को दिल है, सरो गरदन तो नहीं
जिसने तलवार न खायी, उसे बिस्मिल[7] देखा

मंज़िले इश्क़ है सुनसान मुक़ाम ऐ मजनूं
नाक़ा[8] देखा है यहां, कोई न महमिल[9] देखा

---

1. प्रेमपथ 2. मृत्यु 3. मल्लाह 4. भंवर 5. किनारे पर 6. साहसी 7. घायल 8. हौदा 9. पालकी।

(49)

निकल जाये, ये हसरत[1] वो नहीं है
बदल जाये ये क़िस्मत वो नहीं है

वही तुम हो, तबीअत वो नहीं है
वही सूरत है, सीरत[2] वो नहीं है

तेरा दिल क्या, तेरे घर में भी मुझको
ठहरने दे, ये वहशत वो नहीं है

यहां क़ैदी हैं, थे दुनिया में आज़ाद
हमें जन्नत में राहत वो नहीं है

जो तुम समझे हो दिल में चारासाज़ो[3]
इलाजे दर्द ओ फ़ुर्क़त[4] वो नहीं है

गयी महफ़िल की रौनक़ 'दाग़' के साथ
वही दम था ग़नीमत, वो नहीं है

---

1. इच्छा 2. आदत 3. चिकित्सक 4. कष्ट।

(50)

नहीं सुनते वो अब हमारी बात
सच है, बन आये की है सारी बात

दो-दो बातें हुई थीं वाइज़[1] से
रख ली अल्लाह ने हमारी बात

ख़ैर से उसने ही न पूछा हाल
करने देती न बेक़रारी[2] बात

खेल है इम्तिहां[3] तेरे आगे
मेरे आगे है जां-निसारी[4] बात

हश्र[5] में कुछ-न-कुछ निकालेगी
मेरी शर्मे गुनाहगारी[6] बात

ख़ामुशी में अदा[7] करें मतलब
ये तो है उनकी इख़्तियारी[8] बात

---

1. संयमी 2. बेचैनी 3. परीक्षा 4. जान देने वाला 5. प्रलय 6. दूषित चरित्र 7. पूरा करना 8. मन की बात।

(51)

परदे-परदे में अताब[1] अच्छे नहीं
ऐसे अन्दाज़े हिजाब[2] अच्छे नहीं

मैकदे[3] में हो गये चुपचाप क्यों
आज कुछ मस्ते शराब[4] अच्छे नहीं

ऐ फ़लक[5] क्या है ज़माने की बिसात[6]
दम बदम[7] के इन्कलाब अच्छे नहीं

तू भी उसकी ज़ुल्फ़े पेचा[8] हो गया
ऐ दिल ऐसे पेच ओ ताब[9] अच्छे नहीं

बज़्मे वाइज़[10] से कोई कहता गया
ऐसे जलसे बे शराब अच्छे नहीं

तौबा कर लें हम मै ओ माशूक़ से
बे मज़ा हैं ये सवाब अच्छे नहीं

इक नजूमी[11] 'दाग़' से कहता था आज
आपके दिन ऐ जनाब अच्छे नहीं

---

1. छुप-छुपकर 2. अत्याचार 3. शरमाने का ढंग 4. मदिरालय 5. शराबी 6. आकाश 7. अस्तित्व 8. क्षण-प्रतिक्षण 9. घुंघराले बाल 10. धर्मोपदेशक 11. ज्योतिषी।

(52)

फिरे राह से वो यहां आते-आते
अजल[1] मर गयी है कहां आते-आते

मुझे प्यार करने का ये मुद्दआ[2] था
निकल जाये दम हिचकियां आते-आते

न जाना कि दुनिया से जाता है कोई
बहुत देर की मेह्रबां[3] आते-आते

कलेजा मेरे मुंह को आयेगा इक दिन
यूं ही लब पे आहो-फ़ुग़ां[4] आते-आते

सुनाने के काबिल थी जो बात उनकी
वही रह गयी दरमियां[5] आते-आते

मेरे आशियां[6] के तो थे चार तिनके
चमन[7] उड़ गया आँधियां आते-आते

बना है हमेशा ये दिल बाग़ सहरा[8]
बहार आते-आते, ख़िज़ां[9] आते-आते

नहीं खेल ऐ 'दाग़' यारों से कह दो
कि आती है उर्दू ज़ुबां आते-आते

---

1. मृत्यु 2. अभिप्राय 3. कृपालु 4. रोना-चिल्लाना 5. बीच में 6. भरोसा 7. उपवन 8. जंगल 9. पतझड़।

(53)

फ़ुग़ां[1] को लाग[2] ठहरी आसमां से
उठा जाता है परदा दरमियां[3] से

तेरी रंजिश खुली तर्जे बयां[4] से
न थी दिल में, तो क्यों निकली ज़बां से

मेरे तिनकों में क्या है ख़ारे हस्रत[5]
अलग करती है बिजली आशियां से

लगा रहता है खटका दानो जानिब
मज़ा है दोस्ती का बदगुमां से

न कहिये, दोस्त दुश्मन को न कहिये
पराये अपने होते हैं ज़बां से

शिकायत राहे उल्फ़त की सुने कौन
अलग चलता हूँ बचकर कारवां से

शबे ग़म[6] हर बला का मुन्तिज़र[7] हूँ
निगाहें लड़ रही है आसमां से

ख़ुशी क्या ज़िन्दगी की ख़िज्र तक, जब
मरे जाते हैं उम्रे जाविदां[8] से

---

1. रोना 2. शत्रुता 3. बीच से 4. बोलने का ढंग 5. इच्छाओं का कांटा 6. दुःख की रात 7. प्रतीक्षारत 8. चिरस्थायी।

(54)

बरसों रहा हूँ मैं किसी नाज़ुक बदन के पास
क्या जी लगे निहाले गुलो यासमन[1] के पास

कामिल को इश्क़े पाक[2], तो पर्वेज़-सा[3] रक़ीब
शीरी को लाये शौक़ से ख़ुद कोहकन के पास

वो नाजुक़ी से मुझ पे न अफ़्सोस कर सके
अंगुश्ते[4] हैफ़[5] रह गयी आकर दहन[6] के पास

ऐ बेकसी रहेगी न बेपरदा अपनी लाश
मय्यत ख़ुद उड़ जायेगी गोर ओ कफ़न के पास

वीरां पड़ा है दिल, जो कलेजा है दाग़दार
जंगल लगा हुआ है हमारे चमन के पास

गुर्बत से हम फिरें, तो कहीं फिर पलट न जाये
अहबाब[7] कुछ निशान बना दे वतन के पास

---

1. फूलों लदी हुई डाली 2. पवित्र प्रेम 3. मजनूं 4. अंगुलि 5. दुःख 6. छिद्र 7. मित्र।

(55)

बला से वो दुश्मन हुआ है किसी का
वो काफ़िर[1] सनम क्या ख़ुदा है किसी का

किसी की तपिश[2] में ख़ुशी है किसी की
किसी की ख़लिश[3] में मज़ा है किसी का

ज़रा डाल दो अपनी ज़ुल्फ़ों का साया
मुक़द्दर बहुत नारसा[4] है किसी का

मेरी बज़्म में आ के वो पूछते हैं
बुरा हाल हमने सुना है किसी का

बचे जान किस तरह तेरी अदा से
क़ज़ा[5] पर कहीं बस चला है किसी का

मेरी इल्तिजा[6] पर बिगड़कर वो बोले
नहीं मानते, इसमें क्या है किसी का

सुना करते हैं छेड़कर गालियां हम
वगरना कोई सिरफिरा[7] है किसी का

बज़ाहिर[8] न जाने, न जाने, न जाने
तुझे 'दाग़' दिल जानता है किसी का

---

1. प्रेमपात्र 2. जलन 3. कष्ट 4. न पहुंचने वाला 5. मृत्यु 6. प्रार्थना 7. पागल 8. प्रत्यक्षतः।

(56)

बुताने[1] मेह्वश[2] उजड़ी हुई मंज़िल में रहते हैं
कि जिसकी जान जाती है, उसी के दिल में रहते हैं

मुहब्बत में मज़ा है छेड़ का, लेकिन मज़े की हो
हज़ारों लुत्फ़ हर इक शिकवा ए क़ातिल में रहते हैं

हज़ारों हसरतें वो हैं कि रोके से नहीं रुकतीं
बहुत अरमान ऐसे हैं कि दिल के दिल में रहते हैं

मुहीते इश्क़[3] की हर मौज तूफ़ांख़ेज़ ऐसी है
वो हैं गिरदाब[4] में, जो दामने साहिल[5] में रहते हैं

ख़ुदा रक्खे, मुहब्बत में किये आबाद दोनों घर
मैं उनके दिल में रहता हूँ, वो मेरे दिल में रहते हैं

जो होती ख़ूबसूरत, तो न छिपती क़ैस से लैला
मगर ऐसे ही वैसे परदए महमिल में रहते हैं

सुरागे मेह्रो उल्फ़त[6] ग़ैर के दिल में न पायेंगे
अबस[7] वो रात-दिन सई ए बेहासिल[8] में रहते हैं

बुतों को मेहर में[9] असरार[10] तूने क्यों किया यारब
कि ये काफ़िर हरइक ख़िल्वत सराये दिल[11] में रहते हैं

---

1. प्रेमिकाएं 2. चन्द्रमुखी 3. प्रेम का घेरा 4. भंवर 5. किनारा 6. प्रेम-प्रसंग 7. व्यर्थ 8. निष्फल प्रयास 9. जानकार 10. भेद 11. दिल का मकान।

(57)

मिटे दाग़े दिल आर्ज़ू रह गयी
चमन उड़ गया और तू रह गयी

कहां दिल में अब आर्ज़ू रह गयी
वो मुद्दत से बनकर लहू रह गयी

बहुत ऐ शबे ग़म बलायें टलीं
ख़ुदा जाने किस तरह तू रह गयी

चले हम तेरी बज़्म से तिश्नाकाम[1]
तमन्न-ए जाम ओ सुबू[2] रह गयी

बहुत चल बसे यार ऐ ज़िन्दगी
कोई दिन की मेहमान तू रह गयी

कहां से कहां ले गया हमको शौक़
मगर रह गयी, जुस्तजू[3] रह गयी

गया दिल गया 'दाग़' उस बज़्म में
ग़नीमत हुआ आबरू[4] रह गयी

---

1. प्यासे 2. मदिरापात्र की इच्छा 3. खोज 4. प्रतिष्ठा।

(58)

मिली हमको जन्नत क़यामत के बाद
मिले क्या ख़ुदा जाने जन्नत के बाद

मेहरबाँ न हो, हो के मेहरबाँ
अदावत[1] बुरी है मुहब्बत के बाद

हया के, तबस्सुम[2] के, अग़माज़[3] के
मज़े ले रहा हूँ शिकायत के बाद

अबस[4] उज्र[5] है अब, अबस लुत्फ़ है
करूं शुक्र क्योंकर शिकायत के बाद

नहीं इसके ख़ूगर[6] हम ऐ आसमां
न दे हमको तकलीफ़ राहत के बाद

वफ़ादार होते हैं देरआश्ना
ये अक़्दा[7] खुला एक मुद्दत के बाद

---

1. शत्रुता 2. मुस्कुराहट 3. इशारे 4. व्यर्थ 5. बहाना 6. अभ्यस्त 7. गांठ।

(59)

इसी का मज़ा हो, तो क्या कीजिये
कहा मानते हैं वो हुज्जत के बाद

तड़पना न देखा गया 'दाग़' का
हुआ ख़ात्मा किस मुसीबत के बाद

मुमकिन नहीं कि तेरी मुहब्बत की बू न हो
काफ़िर अगर हज़ार बरस दिल में तू न हो

क्या लुत्फे इन्तिज़ार, जो तू हीला जू[1] न हो
किस काम का विसाल, अगर आरज़ू न हो

ख़िल्वत[2] में तुझको चैन नहीं, किसका ख़ौफ़ है
अन्देशा कुछ न हो, जो नज़र चार-सू[3] न हो

वो आदमी कहां है, वो इंन्सां है कहां
जो दोस्त का हो दोस्त, अदू[4] का अदू न हो

दिल को मसल-मसल के ज़रा हाथ सूंघिये
मुमकिन नहीं कि ख़ूने तमन्ना की बू न हो

ज़ाहिद[5] मज़ा तो जब है अज़ाबे सवाब[6] का
दोज़ख़ में बादाकश न हो, जन्नत में तू न हो

माशूक़े हिज्र इससे ज़ियादा कोई नहीं
क्या दिल्लगी रहे, जो तेरी आरज़ू न हो

है लाग[7] का मज़ा दिले बेमुद्दआ[8] के साथ
तुम क्या करो किसी को, अगर आरज़ू न हो

---

1. बहानेबाज़ 2. एकान्त 3. चारों ओर 4. शत्रु 5. सदाचारी 6. पाप-पुण्य 7. होड़ 8. निःस्वार्थ।

(60)

मेरी उनकी भरी महफ़िल में होगी
जुबां पर आयेगी, जो दिल में होगी

न करते दिल्लगी, क्या जानते थे
हमारी जान इस मुश्किल में होगी

चुरायेगा उसी से आँख कातिल
ज़रा-सी जान जिस बिस्मिल[1] में होगी

अदम[2] के जाने वाले सुनते जाओ
ये आराइश[3] न उस मंज़िल में होगी

अगर अक़बा[4] में दुनिया याद आयी
तो मुश्किल और इक मुशिकल में होगी

नहीं शोख़ी से खाली शर्म उसकी
क़यामत पर्द ए हामिल[5] में होगी

---

1. घायल 2. परलोक 3. आराम 4. परलोक 5. अड़चन डालने वाला परदा।

(61)

वहां चुटकी में जब वह तीर लेंगे
यहां इक गुदगुदी-सी दिल में होगी
न आयें 'दाग़' तो अच्छा है, वरना
बड़ी हलचल तेरी महफ़िल में होगी

मेरी क़िस्मत की तरह रहती है बल खायी हुई
ज़ुल्फ़ पर भी क्या है सख़्ती की गिरह[1] आयी हुई
दोस्त दुश्मन को बनाया है तेरे अन्दाज़ ने
सबको पहचाना, अगर तुझसे शनासायी[2] हुई
ऐ हुजूमे नाउमीदी[3] रख ले शर्मे आरज़ू[4]
गोश ए दिल[5] में अलग बैठी है शरमायी हुई
जानकर पहचानकर अनजान जब कोई बने
फिर न होने के बराबर वह शनासायी हुई
ज़ोफ़[6] ने ऐसा बिठाया उसकी बज़्मे नाज़ में
मैंने ये जाना मुझे हासिल शकेबायी[7] हुई
किस बला में मुब्तिला[8] रहती है दिन-भर शामे ग़म[9]
दौड़कर आती है मेरे घर जो घबरायी हुई
भोली सूरत पर पड़ी तस्वीर में ये बांकपन[10]
लब पे ज़ाहिर है तबस्सुम[11] दिल में इतरायी हुई
जब मेरे दर से फिरा ख़िल्क़त[12] तमाशायी हुई
पीछे-पीछे 'दाग़' आगे-आगे रुस्वाई हुई

---

1. गांठ 2. पहचान 3. निराशा की भीड़ 4. इच्छाओं की लाज 5. हृदय का कोना 6. कमज़ोरी 7. शर्मिन्दगी 8. व्यस्त 9. दुःख की शाम 10. चंचलता 11. मुस्कुराहट 12. जनता।

(62)

मेरे दिल को देखकर, मेरी वफ़ा को देखकर
बन्दापरवर मुंसिफ़ी[1] करना ख़ुदा को देखकर

दिल लगाया था ज़माने की हवा को देखकर
आश्ना को देखकर, नाअश्ना को देखकर

कूच-ए-दुश्मन[2] से ये आती न हो यारब कहीं
जी उड़ा जाता है कुछ बादे सबा को देखकर

बदगुमां मेरी तरफ़ से है, वो मुझसे भी सिवा
राह चलते हैं, तो मेरी नक़्शे पा को देखकर

गर्दिशे गर्दूं[3] का वाइस[4] और कुछ खुलता नहीं
भागता फिरता है ये तेरी जफ़ा को देखकर

हज़रते ज़ाहिद[5] हमारी छेड़ की आदत नहीं
गुदगुदी होती है दिल में, पारसा[6] को देखकर

कूच ए जानाँ[7] के बदले कूए दुश्मन में न जाये
ख़ाक होना है हमें, लेकिन हवा को देखकर

ग़ैर ने की बेवफ़ाई, सब की शामत आ गयी
आग हो जाते हैं वो, अह्ले वफ़ा को देखकर

---

1. न्याय 2. प्रतिद्वन्द्वी का मोहल्ला 3. आकाश का चक्कर 4. कारण 5. उपदेशक 6. पवित्रात्मा 7. मित्र की गली।

(63)

मैंने चाहा जो तुम्हें, उसका गुनहगार तो हूँ
मगर इतना भी समझ लो कि वफ़ादार तो हूँ

उम्र-भर आपने मुझको कभी अच्छा न कहा
ख़ैर, अच्छा न सही, आपका बीमार तो हूँ

या ख़ुदा पुर्सिशे आमाल[1] को देता हूँ जवाब
बात का होश किसे है, अभी होशियार तो हूँ

मै और माशूक़ से इनकार नहीं ऐ ज़ाहिद
आशिक़ ज़ार[2] तो हूँ, रिन्दे क़दह ख़्वार[3] तो हूँ

गो[4] मेरे पास नहीं मताए[5] ग़ैर[6] ऐ क़ासिद
मैं तमाशाइ ए अन्दाज़े ख़रीदार तो हूँ

अभी क्या जाने कोई मुझको तुम्हारा शैदा[7]
कोई दिन और भी रुस्वा[8] सरे बाज़ार तो हूँ

गो मेरी वज़्आ[9] नहीं ये कि मिलूं ग़ैर से मैं
ताब ए हुक्मे जफ़ाकारिए सितमगार[10] तो हूँ

क्या गुज़र जाये तुझे रात यूं ही बेखटके
बज़्म में गुल न सही मैं, न सही ख़ार तो हूँ

---

1. कर्मों की जांच-पड़ताल 2. दुखी प्रेमी 3. मस्त शराबी 4. हालांकि 5. छोटी पूंजी 6. सिवा 7. प्रेमी 8. बदनाम 9. ढंग 10. अत्याचारी।

(64)

मौत उस दिन को, जो तुमसे सितम ईजाद[1] न हो
मैं तो मर जाऊं, अगर लज़्ज़ते बेदाद[2] न हो

ज़ुल्फ़ वो दाम[3] कि जिस दाम से आज़ाद न हो
आँख वो चोर कि जिस चोर की फ़रियाद न हो

बात का ज़ख़्म है, तलवार के ज़ख़्मों के सिवा
कीजिये कत्ल, मगर मुंह से कुछ इरशाद[4] न हो

हाय वो दिल, वो कलेजा मैं कहां से लाऊं
वस्ल में शाद[5] न हो, हिज्र में नाशाद[6] न हो

जोर[7] के बाद है अब हर्फ़े तसल्ली[8] क़ैसा
उससे फ़र्माइये, जिसको वो घड़ी याद न हो

बदगुमानी[9] भी मुहब्बत में बुरी होती है
वो यक़ीं हो मुझे, जिस बात की बुनियाद न हो

है मेरे दिल की तबाही पे तअज्जुब, क्या ख़ूब
आप बरबाद करें जिसको, वो बरबाद न हो

उठ सके इस निगहे नाज़ की चोटें किससे
रूबरू तेरे जो आईना ए फ़ौलाद[10] न हो

---

1. अत्याचारी 2. अत्याचार का स्वाद 3. जाल 4. कहना 5. प्रसन्न 6. अप्रसन्न 7. अत्याचार 8. सन्तोष 9. भ्रम 10. लोहे का दर्पण।

(65)

मौत का मुझको न खटका शबे हिज्रां[1] होता
मेरे दरवाज़े, अगर आपका दरबां होता

गर मेरे हाथ तेरी बज़्म का सामां होता
मेज़बां मैं कभी होता, कभी मेहमां होता

दीन ओ दुनिया के मज़े जब थे कि दो दिल होते
एक में कुफ़्र[2] अगर एक में ईमां[3] होता

दिल को आसूदा[4] जो देखा, तो उन्हें ज़िद आयी
इससे बेहतर तो यही था कि परेशां होता

बेनियाज़ी[5] जो हुई, मेरी तमन्ना से हुई
मुझको अरमां जो न होता, तुझे अरमां होता

क्या ग़ज़ब है नहीं इंसान को इंसान की क़द्र
हर फ़रिश्ते को ये हसरत है कि इन्सां होता

हो गयी बारेगिराँ[6] बन्दानवाज़ी[7] तेरी
तू न करता, अगर अहसान, तो अहसां होता

'दाग़' को हमने मुहब्बत में बहुत समझाया
वो कहा मान ना लेता, अगर इन्साँ होता

---

1. विरह की रात 2. अधर्म 3. धर्म 4. सन्तुष्ट 5. अवहेलना 6. बोझ 7. कृपा।

(66)

ये चर्चे हैं हमीं दोनों के दम से
न तुम से फिर ज़माने में, न हम से

अगर मर जायें, तो छुट जायें ग़म से
मगर ये हो नहीं सकता है हम से

न क्यों हो उनकी घबरायी हुई चाल
कि फ़ित्ने[1] लिपटे जाते हैं क़दम से

पसन्द आयी उन्हें ख़ुद तर्ज़े रफ़्तार[2]
नज़र उठती नहीं अपने क़दम से

ज़माने को, फ़लक[3] को साथ ले लो
ये जी भरता नहीं थोड़े सितम से

कहेंगे हम कि हमको चाहते हो
अगर तुम हाथ उठा बैठे सितम से

ख़ुदा बा आबरू[4] दे रिज़्क[5] ऐ 'दाग़'
नहीं है बहस हमको बेशो कम[6] से

---

1. झगड़े 2. चलने का ढंग 3. आकाश 4. प्रतिष्ठा के साथ 5. रोज़ी 6. कम और अधिक।

(67)

ये तो नहीं कि तुम-सा जहां में हसीं नहीं
इस दिल को क्या करूं, ये बहलता कहीं नहीं

दिल के सिवा न काबे में है वो, न दैर[1] में
गर है, तो बस यहीं है, नहीं, तो कहीं नहीं

इस दर पे जबीं सा[2] हो, तो फिर कोई क्यों उठे
या संगे आस्तां[3] ही नहीं या जबीं नहीं

कहता हूँ दिल से और हसीं ढूंढ़िये कोई
आता है फिर ख्याल कि ऐसा कहीं नहीं

दुनिया का हाल हज़रते ईसा से पूछिये
क्या आसमान वालों में अह्ले ज़मीं[4] नहीं

मज़हब में अपने तर्क्रे मुलाक़ात[5] कुफ्र[6] है
ये बात हमनशीं[7] की कुछ दिलनशीं[8] नहीं

क्या लुत्फ़ दे रही हैं अदाएं अताब[9] की
है मौज बहरे हुस्न[10] वो चीने जबीं[11] नहीं

अफ़सोस है कि दर्द भी अब छोड़ता है साथ
ये भी अख़ीर वक़्त कहीं है, कहीं नहीं

---

1. मन्दिर 2. नतमस्तक 3. चौखट का पत्थर 4. संसारवासी 5. मिलने से इनकार 6. पाप 7. मित्र 8. प्रिय 9. क्रोध 10. सौन्दर्य की लहर 11. माथे की सलवटें।

(68)

ये बुत जो देते हैं, झूठी ज़बान देते हैं
ख़ुदा के वास्ते पर लोग जान देते हैं

हम इम्तिहां के साथ इम्तिहान देते हैं
वो जान लेने को आये, तो जान देते हैं

थकान पहुंचे न क़ातिल के दस्ते नाज़ुक[1] को
ठहर-ठहर के बहुत इम्तिहान देते हैं

मेरे फ़साने को सुन-सुन के नींद उड़ती है
दुआएं मुझको तेरे पासबान[2] देते हैं

वो तुम कि रोज़ नयी बदगुमानियां[3] हैं तुम्हें
वो हम कि रोज़ नया इम्तिहान देते हैं

सुना है, बात भी करनी तुम्हें नहीं आती
तुम्हारे मुंह में हम अपनी ज़बान देते हैं

कहे जो 'दाग़' कि हम जांनिसार[4] हैं, सब झूठ
ये लोग मुफ़्त कहीं अपनी जान देते हैं

---

1. कोमल हाथ 2. चौकीदार 3. सन्देह 4. जान देने वाले।

(69)

रंज की जब गुफ़्तगू[1] होने लगी
आपसे तुम, तुमसे तू होने लगी

चाहिए पैग़ाम्बर[2] दोनों तरफ़
लुत्फ़ क्या जब दूबदू[3] होने लगी

मेरी रुस्वाई[4] की नौबत[5] आ गयी
उनकी शोहरत[6] कूबकू[7] होने लगी।

अब के मिलकर देखिये क्या रंग हो
फिर हमारी जुस्तजू[8] होने लगी

'दाग़' इतराये हुए फिरते हैं आज
उनकी शायद आबरू[9] होने लगी

---

1. बातचीत 2. सन्देशवाहक 3. आमने-सामने 4. बदनामी 5. दशा 6. प्रसिद्धि 7. गली-गली 8. तलाश 9. प्रतिष्ठा।

(70)

रहेगा इश्क़ तेरा ख़ाक में मिला के मुझे
कि इब्तिदा[1] में हुए रंज इन्तिहा के मुझे

हुजूमे नाज़[2] में घिरकर दुहाई दी दिल ने
ये लूट लेते हैं तनहा ग़रीब पा के मुझे

शरीक मेहरो वफ़ा[3] में कभी किये ही बनी
ख्याल था वो न पछताये आज़्मा के मुझे

बग़ैर मौत के किस तरह कोई मरता है
यकीं न आये, तो वो देख जायें आ के मुझे

बला ए इश्क़ तो दुश्मन को भी नसीब न हो
मेरा रक़ीब भी रोया गले लगा के मुझे

कहा ये दिल ने चलो आज कूए क़ातिल में
अजल[4] कहां से कहां ले गयी लगा के मुझे

हरेक शख़्स को है कैफ़ियत[5] जुदा हासिल
जफ़ा के लुत्फ़ तुझे हैं, मज़े वफ़ा के मुझे

सितम तो ये है कि फिर इस ख़ुशी की कद्र नहीं
तुम अपने दिल में हो ख़ुश किस क़द्र सता के मुझे

---

1. प्रारम्भ 2. नख़रों का अम्बार 3. कृपा 4. मृत्यु। 5. नशा।

(71)

रहूँ सितम से भी महरूम, ये सितम क्या है
वो देखकर मुझे कहते हैं, इसमें दम क्या है

मज़ा नमाज़े सहर[1] का तो सुन लिया आखिर
वो लुत्फ़ जामे सुबूही[2] का सुब्ह दम क्या है

ग़मे फ़िराक़[3] में जो रोज़ मरते-जीते हैं
वो जानते ही नहीं हस्ती ओ अदम क्या है

ये झुक पड़ा है फ़लक सबकी पायमाली[4] को
बग़ैर वज्ह सितमगर की पुश्ते ख़म[5] क्या है

सरे नियाज़[6] सलामत रहे पये तस्लीम[7]
नहीं तमीज़ हमें दैर क्या, हरम क्या है

शुमार कसरते अशिया का हो नहीं सकता
किसे ख़बर है कि अन्दाज़ ए करम क्या है

नज़र जो आये, तो हम देख लें ख़ते तक़्दीर
हमें ख़बर ही नहीं लौह[8] क्या, क़लम क्या है

किसी की तीरे निगह को मिले जगह क्योंकर
हुजूमे दाग़े अलम मेरे दिल में कम क्या है

---

1. सुबह की पूजा 2. सुबह की शराब 3. विरह का दुःख 4. बरबादी 5. झुकी हुई पीठ 6. नम्रता का सिर 7. मानने के लिए 8. पाप की तख़्ती।

(72)

ले चला जान मेरी रूठ के जाना तेरा
ऐसे आने से तो बेहतर[1] था न आना तेरा

अपने दिल को भी बताऊं न ठिकाना तेरा
सब ने जाना जो पता एक ने जाना तेरा

तू जो ऐ ज़ुल्फ़ परेशान रहा करती है
किसके उजड़े हुए दिल में है ठिकाना तेरा

आरज़ू[2] ही न रही सुबहे वतन[3] की मुझको
शामे ग़ुर्बत[4] है अजब वक़्त सुहाना तेरा

ये समझकर तुझे ऐ मौत लगा रक्खा है
काम आता है बुरे वक़्त में आना तेरा

काबा ओ दैर[5] में या चश्म ओ दिले आशिक़[6] में
इन्हीं दो-चार घरों में है ठिकाना तेरा

'दाग़' को यूं वो मिटाते हैं, तो फ़र्माते हैं
तू बदल डाल, हुआ नाम पुराना तेरा

---

1. उचित 2. इच्छा 3. स्वदेश की सुबह 4. परदेश की सांझ 5. मन्दिर-मस्जिद 6. प्रिय के नेत्र व हृदय।

(73)

वाइज़ बड़ा मज़ा हो, अगर यूं अज़ाब[1] हो
दोज़ख़[2] में पांव, हाथ में जामे शराब[3] हो

माशूक़ का तो जुर्म हो, आशिक़ ख़राब हो
कोई करे गुनाह, किसी पर अज़ाब हो

तू मुझ पे शेफ़्ता[4] हो, मुझे इज्तिनाब[5] हो
ये इन्क़लाब[6] हो, तो बड़ा इन्क़लाब हो

दुनिया में क्या धरा है, क़यामत में लुत्फ़ हो
मेरा जवाब हो, न तुम्हारा जवाब हो

दुनिया से रूसियाह[7] चला हूँ पसे फ़ना[8]
मुंह पर मेरे कुन से जुदा[9] इक नक़ाब[10] हो

ऐसा लगा हुआ है मए नाब[11] का मज़ा
पानी भी पियूं, तो मेरा मुंह ख़राब हो

दरपरदा[12] तुम जलाओ, जलाऊं न मैं चख़ुश[13]
मेरा भी नाम 'दाग़' है, गर तुम हिजाब[14] हो

---

1. सज़ा 2. नरक 3. मदिरापात्र 4. मिटा हुआ 5. परहेज़ 6. परिवर्तन 7. काला मुंह 8. मरणोपरान्त 9. अलग 10. परदा 11. मदिरा 12. चोरी-चोरी 13. क्या ही अच्छा हो 14. परदा, दाग़ की मेहबूबा का नाम।

(74)

वो क़त्ल किया उसने, शोहरत हो किसी की
क्या लुत्फ़ हो महशर[1] में, तुर्बत[2] हो किसी की

मिट जाये कोई हुस्न से, शोहरत हो किसी की
मातम हो किसी का, शबे इशरत[3] हो किसी की

बेदिल है ये माशूक़ भी आशिक़ से ज़ियादा
दिल हो, तो ज़रूर उसमें मुहब्बत हो किसी की

ऐ नामाबर[4] अन्दाज़े सुख़न[5] सीख ले मुझसे
तारीफ़ के पहलू में शिकायत हो किसी की

देखी है वो शोख़ी कि ये जी चाह रहा है
मिट्टी के भी पुतले में शरारत हो किसी की

लड़ना, कभी मिलना, कभी आना, कभी जाना
तुम शोख़ हो या शोख़ तबीअत हो किसी की

वह 'दाग़' हमारी नहीं सुनता, नहीं सुनता
ऐसी भी इलाही न बुरी मत[6] हो किसी की

---

1. क़यामत 2. क़ब्र 3. सुख की रात 4. सन्देशवाहक 5. बात करने का ढंग 6. बुद्धि।

(75)

वो दुश्नाम[1] लाखों मुझे दे रहे हैं
मज़े लेने वाले मज़े ले रहे हैं

अजब ख़ूबियां ख़ूबरूओं[2] में देखीं
बुराई में भी सबसे अच्छे रहे हैं

मज़ा दे गया है फ़साना[3] हमारा
महीनों वहां इसके चर्चे रहे हैं

जिधर से वो गुज़रे क़यामत बपा[4] थी
कि नक्शे क़दम तक तड़पते रहे हैं

अदम[5] को चले जायेंगे हिज्र[6] में हम
अकेले रहेंगे, अकेले रहे हैं

मुहब्बत में अच्छा नहीं दौड़ चलना
जो आगे चले हैं, वो पीछे रहे हैं

नसीबों से मिलता है दर्दे मुहब्बत
यहां मरने वाले ही अच्छे रहे हैं

जिन्हें उसने लिक्खा है हर्फ़े तसल्ली
वे कम्बख्त बरसों तड़पते रहे हैं

---

1. गाली 2. सुन्दर लोग 3. कहानी 4. उत्पन्न 5. परलोक 6. विरह।

(76)

वो बुत दिल में मेहमां हुआ चाहता है
नया दीनो ईमां हुआ चाहता है

लबे यार ख़न्दा[1] हुआ चाहता है
कोई अहदो पैमां[2] हुआ चाहता है

तेरी दोस्ती में ये थोड़ी ख़ुशी है
कि दुश्मन पशेमां हुआ चाहता है

कहे देती है सरगिरानी[4] हमारी
अजल[5] का कुछ एहसां हुआ चाहता है

थकाकर हटाने लगी मुझको गर्दिश
बयाबां[6] भी ज़िन्दां[7] हुआ चाहता है

किया 'दाग़' उसने जो झूठा ही वादा
तेरा काम आसां हुआ चाहता है

---

1. हंसता हुआ 2. वादा 3. लज्जित 4. सिर का बोझ 5. मृत्यु 6. जंगल 7. बन्दीगृह।

(77)

वो लेते हैं चुटकी दमे गुफ़्तार[1] ज़रा-सी
क्या दिल को मज़ा देती है तक़रार ज़रा-सी

अन्देशा है इक साहबे तक़रार की नज़र का
मै छोड़ दिया करते हैं मैख़्वार ज़रा-सी

उस फ़ित्न ए आलम[2] से ये कहती है क़यामत
दे डाल मुझे शोख़ि ए रफ़्तार ज़रा-सी

मूसा को तो जब भी न रही ताबे नज़ारा[3]
झलकी थी पये तालिबे दीदार[4] ज़रा-सी

उस शाने रहीमी[5] ने बहुत रंग दिखाया
जिस वक़्त झुकी चश्मे गुनहगार ज़रा-सी

साक़ी मुझे तरसा के पिलाता है म-ए-नाब[6]
इक बार बहुत-सी नहीं, हर बार ज़रा-सी

कहता है वो हम 'दाग़' को दिल में नहीं रख़ते
मैं चाहूँ, जगह दे मुझे दिलदार ज़रा-सी

---

1. बात करते समय 2. उपद्रवी 3. देखने की शक्ति 4. दर्शनाभिलाषी 5. ईश्वरीय साया 6. शराब।

(78)

शबनम[1] से शबे हिज्र[2] की ज़ुल्मत[3] नहीं जाती
सौ शोब[4] पड़े, फिर भी ये रंगत नहीं जाती

ऐ उम्रे रवां[5] उसको भी हमराह[6] लिये जा
तू जाती है, दिल से तेरी हसरत नहीं जाती

ज़ाहिद अगर ये पस्त[7] है मस्जिद से, तो क्या है
कुछ इससे तो मैख़ाने की अज़्मत[8] नहीं जाती

हरचन्द बला[9] है, मगर इसमें भी वफ़ा है
घर ग़ैर से मेरी शबे फुर्क़त[10] नहीं जाती

कितने भी हैं पामाल[11] तेरी राहगुज़र में
दो-चार क़दम उठ के क़यामत नहीं जाती

सो जाती है उठ-उठ के जगाने से शबे वस्ल[12]
उन नींद भरी आँखों की ग़फ़लत[13] नहीं जाती

ऐ 'दाग़' बुरा मान ना तू उसके कहे का
माशूक़ की गाली से तो इज़्ज़त नहीं जाती

---

1. ओस 2. विरह की रात 3. अंधेरा 4. दुःख 5. बढ़ती हुई आयु 6. साथ 7. छोटा 8. प्रतिष्ठा 9. मुसीबत 10. रात 11. बरबाद 12. मिलन की रात 13. लापरवाही।

(79)

शबे वस्ल[1] दिल में बसर हो गयी
नहीं होते-होते सहर हो गयी

निगह ग़ैर पर बेअसर हो गयी
तुम्हारी नज़र को नज़र हो गयी

लगाते हैं दिल उससे, अब हार-जीत
इधर हो गयी या उधर हो गयी

बुरे हाल से या भले हाल से
तुम्हें क्या, हमारी बसर हो गयी

मयस्सर[2] हमें ख़्वाब ओ राहत कहां
ज़रा आँख झपकी, सहर हो गयी

निगाहे सितम[3] में कुछ ईजाद[4] हो
कि ये तो पुरानी नज़र हो गयी

शबे वस्ल ऐसी खुली चांदनी
वो घबरा के बोले, सहर हो गयी

कहो क्या करोगे मेरे वस्ल की
जो मशहूर झूठी ख़बर हो गयी

---

1. मिलन की रात 2. प्राप्त 3. अत्याचारी आँख 4. आविष्कार।

(80)

शोले दिले पुरसोज़[1] में उठते हैं ग़ज़ब के
ये आग नहीं वो, जो रहे आग में दब के

होता है शरीक आप ये दुःख-दर्द में सबके
क्या हौसले हैं ये दिले आज़ार तलब[2] के

हैरत है कि ये आग दबाती है दवा को
इस दिल की क़दूरत[3] में रहे सांस से दब के

उठते हैं, पहुंच जाते हैं ये तादरे मक़्सूद[4]
है दस्ते दुआ[5] में भी चल न पाये तलब[6] के

बेवज्ह किसी पर कोई आशिक़ नहीं होता
हम आलमे असबाब[7] में काइल हैं सबब के

वो मुर्दे को ज़िन्दा करें, ये ज़िन्दे को मुर्दा
वो चश्म के जादू हैं, ये एजाज़[8] हैं लब के

दरबारे सलातीं[9] तो नहीं आपकी महफ़िल
आशिक़ भी कभी रहते हैं पाबन्द अदब के

जो भेद की बातें हैं, रक़ीबों से मिलेंगी
वो हैं मेरे मतलब के, वही हैं मेरे ढब के

---

1. जलता हुआ हृदय 2. दुखी हृदय 3. गन्दगी 4. निश्चित स्थान 5. प्रार्थना में उठे हुए हाथ 6. इच्छा के पांव 7. तर्क का संसार 8. जादू। 9. बादशाहों का दरबार।

(81)

सब लोग जिधर हैं, वो उधर देख रहे हैं
हम देखने वालों की नज़र देख रहे हैं

कोई तो निकल आयेगा सरबाज़े मुहब्बत[1]
दिल देख रहे हैं, वो जिगर देख रहे हैं

अब ऐ निगहे शौक़[2] न रह जाये तमन्ना
इस वक़्त वो इधर से उधर देख रहे हैं

कब तक है तुम्हारा सुख़ने तल्ख़[3] गवारा[4]
इस ज़हृ में है कितना असर देख रहे हैं

कुछ देख रहे हैं दिले बिस्मिल[5] का तड़पना
कुछ गौर से क़ातिल का हुनर देख रहे हैं

क्यों कुफ़्र[6] है दीदारे सनम हज़रते वाइज़
अल्लाह दिखाता है, बशर देख रहे हैं

पढ़-पढ़ के वो दम[7] करते हैं कुछ हाथ पर अपने
हंस-हंस के मेरे जख्मे जिगर देख रहे हैं

मैं 'दाग़' हूँ, मरता हूँ इधर देखिये मुझको
मुंह फेरकर ये आप किधर देख रहे हैं

---

1. प्रेम का सिपाही 2. इच्छुक नेत्र 3. कड़वी बात 4. सहन करना 5. घायल हृदय 6. अधर्म। 7. फूंकना।

(82)

सबसे तुम अच्छे हो, तुम से मेरी क़िस्मत अच्छी
यही कम्बख़्त दिखा देती है सूरत अच्छी

हुस्ने माशूक़ से है कामयाब हुस्ने सुख़न[1]
एक होती है हज़ारों में तबीअत अच्छी

मेरी तस्वीर जो देखी, तो कहा शरमाकर
ये बुरा शख़्स है, इसकी नहीं नीयत अच्छी

हर तरफ़ दिल का, ज़रजान[2] का नुक्सां देखा
न मुहब्बत तेरी अच्छी, न अदावत[3] अच्छी

जो हो आग़ाज़[4] में बेहतर[5], वो ख़ुशी है बदतर[6]
जिसका अंजाम हो अच्छा, वही दौलत अच्छी

ज़ोरो ज़र[7] से भी कहीं 'दाग़' हसीं मिलते हैं
अपने नज़दीक तो है सबसे इताअत[8] अच्छी

---

1. कृतित्व 2. कण-कण 3. शत्रुता 4. प्रारम्भ 5. अच्छा 6. बुरा 7. धन की शक्ति 8. आज्ञापालन।

(83)

सर को है तेरे संगे दर[1] की तलाश
पांव को तेरी रहगुज़र[2] की तलाश

जोश खाता है क्या-क्या सीने में
ख़ूने दिल को है चश्मे तर की तलाश

अह्ले दुनिया[3] को होगी जन्नत में
कभी शब की, कभी सहर की तलाश

मंज़िले इश्क़ दरकिनार[4] रही
चाहिए पहले राहबर[5] की तलाश

ये ख़राबा ख़राब करता है
ना करे कोई सीमोज़र[6] की तलाश

किन हिजाबों में उसको पाया है
क्यों न हारे बाहिरे बशर[7] की तलाश

मेरे हाले जबूं[8] से घबराकर
चारागर[9] को ही चारागर की तलाश

हज़रते 'दाग़' का ये सिने शरीफ़[10]
और फिर शोख़ सोम ओबर[11] की तलाश

---

1. द्वार की चौखट 2. रास्ता 3. संसार वाला 4. दूर 5. पथप्रदर्शक 6. सोना-चांदी 7. स्पष्ट व्यक्ति। 8. स्वप्न 9. चिकित्सक 10. अधिक आयु 11. चंचल प्रेमिका।

(84)

साक़िया[1] दे भी म ए रूहफ़ज़ा[2] थोड़ी-सी
बेवफ़ा उम्र[3] करे और वफ़ा[4] थोड़ी-सी

हम तो उस आँख के हैं देखने वाले, देखो
जिसमें शोख़ी है बहुत और हया थोड़ी-सी

अभी बुतख़ाना के सिज्दों से तो फुर्सत हो ले
जा के मस्जिद में भी कर लेंगे अदा थोड़ी-सी

बाद मुर्दन[5] मेरे मर्क़द[6] में बना दे रोज़न[7]
आती-जाती रहे दुनिया की हवा थोड़ी-सी

---

1. शराब देने वाला 2. हृदय को सन्तोष देने वाला 3. निष्ठुर आयु 4. साथ देना 5. मरणोपरान्त 6. क़ब्र 7. खिड़की।

(85)

साफ़ कब इम्तिहान लेते हैं
वो तो दम दे के जान लेते हैं

तुम तग़ाफुल करो रक़ीबों से
जानने वाले जान लेते हैं।

फिर न आना अगर कोई भेजे
नामाबर से ज़ुबान लेते हैं

कौन जाता है उस गली में जिसे
दूर से पासबान लेते हैं

कर गुज़रते हैं हो बुरी या भली
दिल में जो कुछ वो ठान लेते हैं

वो झगड़ते हैं जब रक़ीबों से
बीच में मुझको सान लेते हैं

ज़िद हर इक बात पर नहीं अच्छी
दोस्त की दोस्त मान लेते हैं

सुबह तक दिल को दिलासे शबे ग़म देते हैं
जिसको तुम दे नहीं सकते, उसे हम देते हैं

(86)

हस्बे ख़्वाहिश[1] वो कहां रंजो अलम[2] देते हैं
मांगने वालों को आज़ार[3] भी कम देते हैं

ख़ाक देते हैं, जो यूं अह्ले करम[4] देते हैं
सौ बताते हैं, अगर एक दरम[5] देते हैं

वादा करने को वो तैयार थे सच्चे दिल से
मैंने कमबख़्त ये जाना, मुझे दम[6] देते हैं

किसने ख़ुशबू से बसाया है कफ़न को मेरे
कि दुआएं मुझे सब अह्ले करम देते हैं

मुझसे कहते हैं वो परवाने को देखा तूने
देख यूं जलते हैं, इस तरह से दम[7] देते हैं

यूं वफ़ा करती जो ऐ उने रवां क्या होता
बेवफ़ाई पे तेरे सैकड़ों दम देते हैं

रंज देने का अबस[8] 'दाग़' है शिकवा उनसे
जिसको देता है ख़ुदा, उसको सनम देते हैं

---

1. इच्छानुसार 2. दुःख-दर्द 3. दुःख 4. दानी व्यक्ति 5. पैसा 6. लालच 7. जान। 8. व्यर्थ।

(87)

हज़ारों रंजो मुसीबत के दिन गुज़ारे हैं
कभी जो लड़ गयी क़िस्मत तो वारे-न्यारे हैं

ख़ुदा की शाने करीमी[1] को पूछना क्या है
ग़ज़ब तो ये है कि गुनहगार हम तुम्हारे हैं

बुरा न मान हसीनों को जान ऐ वाइज़[2]
ख़ुदा गवाह ये बन्दे ख़ुदा को प्यारे हैं

तुम्हारी चश्मे फुसूं साज़[3] से नहीं शिकवा
हमें है ख़ूब ख़बर जिनके ये इशारे हैं

वफ़ा करो कि जफ़ा, इख़्तियार है तुमको
कि बुरे हैं या भले, जैसे हैं, तुम्हारे हैं

खुले न बाबे इजाबत[4] तो क्या करे कोई
बहुत दुआ ने पुकारा है, हाथ मारे हैं

बहकती फिरती हैं आहें तबाह[5] हैं नाले
रफ़ीक़[6] दिल के सहारे से बेसहारे हैं

ज़मीं पे रश्के मह ओ मेह्र[7] हैं हंसीं लाखों
फ़लक[8] में दो ही तो चमके हुए सितारे हैं

---

1. कृपा का भाव 2. उपदेशक 3. जादू-भरी आँख 4. स्वीकृति का द्वार। 5. बरबाद 6. दोस्त 7. चांद-सूरज को लज्जित करने वाला 8. आसमान।

(88)

हमारे दिल में बेखटके मुहब्बत अपनी रहने दो
अमानतदार का घर है, अमानत अपनी रहने दो

जो है मुश्ताक़[1] उनके दिल में हसरत अपनी रहने दो
कोई दिन और भी परदे में सूरत अपनी रहने दो

नहीं है इश्तिहा[2] अब तक, बहुत ग़म खा के आया हूँ
कहूँगा अह्ले जन्नत से नियामत[3] अपनी रहने दो

ग़ज़ब की बात है, ये मशवरा देते हैं वो मुझको
रक़ीबों से भी तुम साहब-सलामत अपनी रहने दो

डराया है, मनाया है, ये कहकर वस्ल में उसने
बिगड़ जायेंगे हम, बस-बस शिकायत अपनी रहने दो

हमें दीदार से महरूम[4] रखकर है नज़र दिल पर
पराया माल ताको और दौलत अपनी रहने दो

बज़ाहिर[5] मेहरबानी है, तो दिल में बदगुमानी है
सलाम ऐसी इनायत[6] को, इनायत अपनी रहने दो

न घबरा जाये रहकर एक मेहमां ख़ान ए दिल में
कुछ उल्फ़त मेरी रहने दो, कुछ उल्फ़त अपनी रहने दो

---

1. इच्छुक 2. इच्छा 3. धरोहर 4. वंचित। 5. प्रत्यक्ष 6. कृपा।

(89)

हाले दिल तुझसे दिलाज़ार[1] कहूँ या न कहूँ
ख़ौफ़ है मान ए इज़हार कहूँ या न कहूँ

नाम ज़ालिम का जब आता है, बिगड़ जाते हो
आसमां को भी सितमगार[2] कहूँ या न कहूँ

आख़िर इंसान हूँ मैं, सब्र ओ तहम्मुल[3] कब तक
सैकड़ों सुन के भी दो-चार कहूँ या न कहूँ

हाथ क्यों रख़ते हो मुंह पर मेरे, मतलब क्या है
बाइसे रंजिश ओ तक़रार[4] कहूँ या न कहूँ

फ़िक्र है, सोच है, तश्वीश[5] है क्या-क्या कुछ है
दिल से भी इश्क़ के असरार[6] कहूँ या न कहूँ

'दाग़' है नाम मेरा, बर्क़ तबीअत[7] मेरी
गर्म इस तरह के अशआर[8] कहूँ या न कहूँ

---

1. दुःखदायी 2. अत्याचार 3. सन्तोष 4. झगड़े का कारण 5. चिन्ता 6. भेद 7. बिजली - जैसा स्वभाव 8. शाइरी।

(90)

हिज्र की ये रात क़ैसी रात है
एक मैं हूँ या ख़ुदा की ज़ात है

आपकी हर बात में वो बात है
चाल है, फ़िक्र[1] है, दम[2] है, घात[3] है

तूने क़ासिद जो कही दिल की लगी[4]
ये उसी काफ़िर[5] के दिल की बात है

उनका क़ासिद[6] ले चला है दिल मेरा
ताज़ा फ़र्माइश[7] नयी सौग़ात[8] है

'दाग़' से जाकर मिले थे हम भी आज
आदमी ख़ुश वज़्आ[9] ख़ुश औक़ात[10] है

---

1. व्यंग्य 2. लालच 3. धोखा 4. प्रणय 5. शत्रु 6. सन्देशवाहक 7. मांग 8. भेंट 9. अच्छे ढंग का 10. अच्छे व्यक्तित्व का।

(91)

हुआ रश्के अदू[1] भी आशिक़ी में
लगा दी और क़िस्मत ने लगी में

करूं क्या चार दिन की ज़िन्दगी में
रही जाती है हसरत जी की जी में

बुतों से अब मुआफ़ी चाहता हूँ
ख़ुदा से कुछ कहा था बेख़ुदी[2] में

न इतरा ऐ दिले नादां शबे वस्ल[3]
कोई ग़म हो ही जाता है ख़ुशी में

अकेले बैठकर क्या सोचते हो
ये तनहाई है दाख़िल बेकसी में

तुम्हें खुल जायेगी दिल की तमन्ना
अभी है बन्द ख़ुशबू इस कली में

दिले वीरां के ज़ाहिर पर न जाओ
न होने पर भी सब कुछ है इसी में

वो लेकर क्या करें उश्शाक़[4] के दिल
किसी में दाग़ है, कांटा किसी में

---

1. दुश्मन से ईर्ष्या 2. मस्ती 3. मिलन की रात। 4. प्रेमीजन।

(92)

हुक्म ये है कि मेरे पास न आये कोई
इसलिए रूठ रहे हैं कि मनाये कोई

ये न पूछो कि ग़मे हिज्र में क़ैसी गुज़री
दिल दिखाने का अगर हो, तो दिखाये कोई

हो चुका ऐश[1] का जलसा, तो मुझे ख़त पहुंचा
आपकी तरह से मेहमान बुलाये कोई

तर्क़े बेदाद[2] की तुम दाद[3] न चाहो मुझसे
करके एहसान न एहसान जताये कोई

क्या वो मै[4] दाखिले दावत[5] ही नहीं ऐ वाइज़[6]
मेहरबानी से बुलाकर जो पिलाये कोई

सर्द मेहरी[7] से ज़माने के हुआ है दिल सर्द[8]
रख के इस चीज़ को आग लगाये कोई

आपने 'दाग़' को मुंह भी न लगाया, अफ़सोस
उसको रख़ता था कलेजे से लगाये कोई

1. आराम 2. अत्याचार छोड़ना 3. प्रशंसा 4. मदिरा 5. निमंत्रण 6. धर्मोपदेशक 7. कठोरता 8. दुखी।

(93)

हुस्ने अदा[1] भी ख़ूबिए सूरत में चाहिए
ये बढ़ती दौलत ऐसी ही दौलत में चाहिए

हिम्मत का हारना न मुसीबत में चाहिए
थोड़ा-सा हौसला भी तबीअत में चाहिए

बाहम ये मेल-जोल मुहब्बत में चाहिए
मेरी तबीअत उसकी तबीअत में चाहिए

आज़ाद राहे रास्त[2] पर काफ़िर[3] तेरा मिज़ाज
इक बन्दए ख़ुदा[4] तेरी ख़िदमत में चाहिए

क्या लुत्फ़े दुश्मनी, जो तअल्लुक़ ही उठ गया
कुछ छेड़-छाड़ भी तो अदावत[5] में चाहिए

इंसाफ़ से कहो कि ये बेदाद का तरीका
तुमको न चाहिए कि मुहब्बत में चाहिए

आया है क्या पसन्द ख़मे ज़ुल्फ़े पुरशिकन[6]
कहता हूँ ये बला मेरी क़िस्मत में चाहिए

उस चश्मे सहरे-फ़न[7] ने किया है मुझे हलाक़[8]
जादू की रौशनी मेरी तुर्बत[9] में चाहिए

---

1. चंचल सौन्दर्य 2. ठीक रास्ता 3. प्रेमपात्र 4. ईश्वरभक्त 5. शत्रुता। 6. घुंघराले बाल 7. जादू-भरी आंखें 8. जान से मारना 9. क़ब्र।

(94)

अच्छी सूरत पे ग़ज़ब टूट के आना दिल का
याद आता है हमें हाय ज़माना दिल का

निगहे यार[1] ने की ख़नाख़राबी[2] ऐसी
न ठिकाना है जिगर का, न ठिकाना दिल का

दे खुदा और जगह सीना ओ पहलू के सिवा
कि बुरे वक़्त में हो जाये ठिकाना दिल का

निगह ए शर्म[3] को बेताब किया, काम किया
रंग लाया तेरी आँखों में समाना दिल का

बाद मुद्दत के ये ऐ 'दाग़' समझ में आया
वही दाना[4] है, कहा जिसने न माना दिल का

---

1. प्रिय के नेत्र 2. घर की बरबादी 3. लज्जित दृष्टि 4. बुद्धिमानी।

(95)

अपनी नज़र में हेच[1] है सारे जहां की सैर
दिल ख़ुश न हो, तो किसका तमाशा, कहां की सैर

बाबे क़ुबूल[2] तक नहीं पहुंची हमारी आह
फिर-फिर के कर रही है अभी आसमां की सैर

सैरे ख़िज़ां भी दीद ए इबरत नगर[3] करे
क्या की, जो की बहारे गुलो गुलसितां[4] की सैर

दिल में कभी, जिगर में कभी है निगाहे यार[5]
देखे तो कोई आँख से इस मेहमां की सैर

दुनिया में देखने के लिए आँख चाहिए
जन्नत की सैर से है सिवा इस मकां[6] की सैर

किस पर जमाये आँख, ख़रीदार क्या करे
बाज़ारे हुस्न[7] में है नयी हर दुकां की सैर

---

1. तुच्छ 2. स्वीकृति के द्वार तक 3. दर्शन का आनन्द मिलना 4. फूलों और बाग़ की सैर 5. मित्र की दृष्टि 6. दुनिया 7. सौन्दर्य का बाज़ार।

(96)

अर्शों[1] कुर्सी पे क्या ख़ुदा मिलता
आगे बढ़ते, तो कुछ पता मिलता

इस जफ़ा का जभी मज़ा मिलता
कोई तुझको अगर बुरा मिलता

मुद्दई[2] बन के दिल बग़ल में रहा
काश[3] ये दुश्मनों में जा मिलता

आशिक़ी से मिलेगा ऐ ज़ाहिद[4]
बन्दगी[5] से नहीं ख़ुदा मिलता

दोस्तों से तो कुछ न निकला काम
कोई दुश्मन ही काम का मिलता

तुमको ये मिल गया है क़िस्मत[6] से
'दाग़'-सा वरना दूसरा मिलता

---

1. आकाश 2. प्रतिवादी 3. ईश्वर करे 4. संयमी 5. सर झुकाना 6. भाग्य।

(97)

असीरे दाग़े बला[1] और कौन है, मैं हूँ
शिकारे तीरे जफ़ा[2] और कौन है, मैं हूँ

तेरी अदा पे फ़िदा और कौन है, मैं हूँ
तबाह मेरे सिवा और कौन है, मैं हूँ

कहां से आयी शबे ग़म सदा तसल्ली की
यहां तो बारे ख़ुदा और कौन है, मैं हूँ

मुझे तो रंज न दे तू कि ऐ दिले नादां
जहां में दोस्त तेरा और कौन है, मैं हूँ

शरीक रूह भी मेरी है मेरे मातम में
शमूले अह्ले अज़ा[3] और कौन है, मैं हूँ

मिटे हुओं का हमेशा निशान रहता है
बक़ा[4] के ग़म में फ़ना[5] और कौन है, मैं हूँ

ख़याले[6] यार ये कहता है मुझसे ख़िल्वत[7] में
तेरा रफ़ीक़[8] बता और कौन है, मैं हूँ

हिजाब मुझसे, हया मुझसे, आर[9] है मुझसे
इस अंजुमन में नया और कौन है, मैं हूँ

---

1. मुसीबत के जाल में फंसा कैदी 2. अत्याचार के तीर का निशाना 3. मिलकर रोने वाले 4. अमर 5. मृत्यु। 6. प्रिय की कल्पना 7. अकेलापन 8. मित्र 9. घृणा।

(98)

आईना अपनी नज़र से न जुदा होने दो
कोई दम और भी आपस में ज़रा होने दो

कम निगाही[1] में इशारा है, इशारे में हया[2]
या न होने दो मुझे चैन से या होने दो

हाथ बांधे हुए अग्यार[3] के साथ आओगे
हम दिखा देंगे मज़ा, रोज़े जज़ा[4] होने दो

हम भी देखें तो कहां तक न तवज्जोह होगी
कोई दिन तज़्किरा अह्ले वफ़ा[5] होने दो

आँख मिलते ही कहूँ ख़ाक हक़ीक़त दिल की
देखकर जल्वा मेरे होश बजा होने दो

तुम दिलाज़ार बने रश्के मसीहा कब से
कम न होने दो मेरा दर्द, सिवा होने दो

मेरी आंखों पे, मेरे मुंह पे तुम न हाथ रखो
हर्फ़े मतलब[6] किसी सूरत से अदा होने दो

लुत्फ़ समझो, तो रक़ीबों से बढ़ा दो मुझको
सैर देखो, तो कोई फ़ितना[7] बपा होने दो

---

1. कम देखना 2. शर्म 3. प्रतिद्वन्द्वी 4. परिणाम के दिन 5. निष्ठावान् 6. अभिप्राय 7. उपद्रव।

(99)

आईना ए दिल[1] ने तमाशा किया
अपनी जगह मैं उसे देखा किया

सबने तो दीदार ख़ुदा का किया
मुझको भी देखा तुझे देखा किया

तूने भी आशिक़ न किये इतने क़त्ल
हमने बहुत ख़ूने तमन्न[2] किया

शिकवे से उसके हुए बदनाम सब
सौ में अगर एक ने ऐसा किया

रोज़े क़यामत[3] वो दमे बाज़ पुर्स[4]
चश्मे ग़ज़ब[5] से मुझे देखा किया

मैं सितम ए ग़ैर का शिकवा करूं
और वो सुनकर कहें अच्छा किया

देखते ही मुझको कहा रोज़े हश्र[6]
तूने यहां भी हमें रुस्वा[7] किया

---

1. हृदयरूपी शीशा 2. इच्छाओं का ख़ून 3. प्रलय के दिन 4. हाल-चाल पूछने के बाद 5. क्रुद्ध आँख 6. क़यामत के दिन 7. बदनाम।

(100)

आज ठहरे मेरी तुम्हारी शर्त
वस्ल की शर्त है, ये प्यारी शर्त

शर्त भी और फिर तुम्हारी शर्त
जीत ली तुमने, मैंने हारी शर्त

अश्क गुम्माज़[1] हो, तो क्या कीजै
है मुहब्बत में राज़दारी[2] शर्त

दिलरुबाओं को है ज़फ़ा लाज़िम[3]
दिलक़िमाशों[4] को बेक़रारी शर्त

हो ये आदत न बाइसे ग़फ़लत[5]
है तग़ाफुल[6] में होशियारी शर्त

जोशे रहमत के वास्ते ज़ाहिद
है ज़रा-सी गुनाहगारी शर्त

बदगुमानों[7] से इश्क़ का दावा
वाह ऐ 'दाग़' ख़ूब हारी शर्त

---

1. चुगलख़ोर 2. भेद छिपाना 3. आवश्यक 4. दिल को दांव पर रखने वाले 5. लापरवाही 6. ईश्वरीय कृपा 7. सन्देही।

(101)

आती है हसरत[1] दिले नाकाम[2] पर
इसको दे डालूं ख़ुदा के नाम पर

उज्र[3] क्यों करते हो इससे फायदा
मिट चुके हम लज़्ज़ते दुश्नाम[4] पर

जानकर हों मुब्तिला[5] तो क्या इलाज
थी नज़र आग़ाज़[6] से अंजाम[7] पर

वस्ल की शब[8] क्यों न इतराकर खिंचे
सुब्हे आशिक़ हो गयी है शाम पर

बदगुमानी[9] मुझको ले चल उनके साथ
मुसकुराते जाते हैं हर गाम[10] पर

जलने लगती है ज़ुबां कहते ही 'दाग़'
उफ़ निकल जाता है मेरे नाम पर

---

1. इच्छा 2. असफल हृदय 3. बहाना 4. गालियों का स्वाद 5. व्यस्त 6. आरम्भ 7. परिणाम 8. रात 9. भ्रम 10. क़दम-क़दम पर।

(102)

आरज़ू[1] है वफ़ा[2] करे कोई
जी न चाहे, तो क्या करे कोई

मर्ज़ ही गर दवा करे कोई
मरने वाले को क्या करे कोई

कोसते हैं जले हुए क्या-क्या
अपने हक़[3] में दुआ करे कोई

चाह से आपको तो नफ़रत है
मुझको चाहे ख़ुदा करे कोई

उस गिले[4] को गिला नहीं कहते
गर मज़े का गिला करे कोई

मुंह लगाते ही 'दाग़' इतराया
लुत्फ़ फिर जफ़ा[5] करे कोई

---

1. इच्छा 2. प्रेम 3. अपने लिए 4. शिकायत 5. दुश्मनी।

(103)

आलमे यास[1] में घबराये न इन्सान बहुत
दिल सलामत है, तो हसरत बहुत, अरमान बहुत

क़त्ल होने न दिया शुक्रे जफ़ा[2] ने मुझको
काम आते हैं बुरे वक़्त में औसान[3] बहुत

सर उठाता नहीं तू शर्मे जफ़ा से ज़ालिम
या किये हैं किसी कमबख़्त ने एहसान बहुत

तुम कि बेदाद[4] करो और न शरमाओ ज़रा
हम कि नाकरदा[5] गुनाह[6] और पशेमान[7] बहुत

हसरतें[8] रोज़ नयी दिल में भरी जाती हैं
थोड़े-थोड़े भी हुए जाते हैं मेहमान बहुत

वादा करते ही पलट जाओ, हम इससे ख़ुश हैं
दिले ग़मगीं को ख़ुशी की तो है इक आन बहुत

बज़्मे एहबाब[9] में 'दाग़' कभी तो हंस बोल
देखते हैं तुझे हर वक़्त परेशान बहुत

---

1. निराशा 2. बेवफ़ाई 3. होश 4. निष्ठुर 5. न किया हुआ 6. पाप 7. लज्जित 8. इच्छाएं 9. मित्र-मण्डली।

(104)

आशिक़ के दिल में और तेरी आरज़ू न हो
इस बाग़ का तू फूल हो, फिर इसमें बू न हो

खटका हुआ है ख़ारे तमन्ना से इस क़दर
डरता हूँ यास[1] से भी कहीं आरज़ू न हो

ले तो चला है नासिहे नादां[2] पयामे वस्ल[3]
मैं शर्त बांधता हूँ, जो बे आबरू[4] न हो

ऐ दर्दे इश्क़ ख़ाना ए दिल[5] घर तेरा सही
आबाद ये मकान तो जब हो कि तू न हो

इस फ़िक्र में उनसे न हम बात कर सके
ये गुफ़्तगू न हो कहीं, वो गुफ़्तगू न हो

इक तेरी दोस्ती में हुई सबसे दुश्मनी
गर ये न हो, तो कोई किसी का अदू न हो

बख़्शे ही जायें शर्म हुज़ूरी से लाख जुर्म
दुनिया में क्या करें, जो ख़ुदा रूबरू न हो

हम बादानोश[6] पांव न रक्खें बहिश्त में
जब तक हमारे सामने जाम ओ सुबू[7] न हो

---

1. निराशा 2. मूर्ख उपदेशक 3. मिलन का सन्देश 4. अपमानित 5. घर 6. शराबी 7. शराब और प्याला।

(105)

इसलिए वस्ल[1] से इनकार है हम जान गये
ये न समझे कोई क्या जल्द कहा मान गये

ग़ैर के दिल में न हों उसकी तलाशी लेना
कि शबे हिज्र[2] में चोरी मेरे अरमान गये

देख कहते हैं इसे आयी-गयी का सौदा
हम तेरे आते ही सौ जान से क़ुर्बान गये

या इलाही कहीं लुटती तो नहीं राहे अदम[3]
जाने वाले जो यहां छोड़ के सामान गये

आजकल नाला ए बुलबुल[4] में भी तासीर[5] नहीं
क्या अजब[6] गुल ये पुकारे कि मेरे कान गये

बन्द ए इश्क़[7] हों ऐसे कि इलाही तौबा[8]
तुम तो माशूक को ऐ 'दाग़' ख़ुदा जान गये

---

1. मिलन 2. विरह की रात 3. परलोक की राह 4. बुलबुल का क्रन्दन 5. प्रभाव 6. आश्चर्य 7. प्रेम करने वाले 8. हे परमात्मा।

(106)

उज्र[1] आने में भी है और बुलाते भी नहीं
बाइसे तर्के मुलाक़ात[2] बताते भी नहीं

मुन्तिज़र[3] हैं दमे रुख़्सत[4] कि ये मर जाये तो जाये
फिर ये एहसान कि हम छोड़ के जाते भी नहीं

क्या कहा, फिर वो कहो, हम नहीं सुनते तेरी
नहीं सुनते, तो हम ऐसों को सुनाते भी नहीं

ख़ूब परदा है कि चिलमन से लगे बैठे हैं
साफ़ छिपते भी नहीं, सामने आते भी नहीं

हो चुका तर्के तअल्लुक़[5] तो जफ़ाएं क्यों हों
जिनको मतलब नहीं रहता, वो सताते भी नहीं

ज़ीस्त[6] से तंग हो ऐ 'दाग़' तो क्यों जीते हो
जान प्यारी भी नहीं, जान से जाते भी नहीं

---

1. आपत्ति 2. न मिलने का कारण 3. प्रतीक्षा करना 4. विदा होते मय 5. सम्बन्ध विच्छेद 6. जीवन।

(107)

उड़ायी ख़ाक तेरी जुस्तजू[1] में हर कहीं बरसों
फिरी है आसमां बनकर मेरे सर पर ज़मीं बरसों

न आया है, न आये उसके वादे का यक़ीं[2] बरसों
यूं ही है आज, कल, परसों, मगर मिलते नहीं बरसों

बुरा हो जज़्ब ए दिल[3] का, उसे क्यों खींच लाया था
कि आंखों से दबाये हमने पाए नाज़नीं बरसों

न आंखों का इजारा[4] है, न दिल का ज़ोर है उन पर
जो ख़ुद मुख़्तार हैं, ठहरें कहीं दम-भर, कहीं बरसों

नहीं था, तो भी था वो बेवफ़ा आगोशे दुश्मन में
कि मेरी बदगुमानी ने उसे रक्खा वहीं बरसों

जुनूं को भी तो बे सामां नहीं देखा गया हमसे
रही है दश्ते वहशत[5] में हमारी आस्तीं[6] बरसों

1. तलाश 2. विश्वास 3. दय का खिंचाव 4. अधिकार 5. उन्मादी हाय 6. बाहें।

(108)

उम्मीदवार हूँ करम ए बेहिसाब का
पीता हूँ डगडगा के पियाला शराब का

चर्चा है उनके घर में मेरे इज़्तिराब[1] का
देखा सुलूक इस दिले ख़ानाख़राब का

बेकार मुफ़्त ख़ाक उड़ाती फिरी सबा[2]
गोशा[3] उलट दिया न किसी की नक़ाब का

ये बात है बहारे चमन ही के वास्ते
आता नहीं पलट के ज़माना शबाब[4] का

या तमकनत[5] समायी तबीअत में आपकी
या सब्र पड़ गया दिले पुर इज़्तिराब का

उल्ला है ख़्वाबे नाज़[6] से कोई जो दिन चढ़े
चमका हुआ है आज नसीब आफ़ताब[7] का

रोज़ा[8] रखें, नमाज़ पढ़ें, हज अदा करें
अल्लाह ये सवाब[9] भी है किस अज़ाब[10] का

होने को तेरी चश्मे तग़ाफुल[11] में क़ह्र[12] हो
हमसे मिले, तो लुत्फ़[13] मिले कुछ अताब[14] का

---

1. बेचैनी 2. प्रातःकालीन वायु 3. कोना 4. जवानी 5. नख़रे 6. सुख-निद्रा 7. सूर्य 8. व्रत 9. उपकार 10. पाप 11. वेपरवा नेत्र 12. प्रलय 13. मज़ा 14. क्रोध।

(109)

उसकी शरारतें भी क़यामत से कम नहीं
दिल तुझसे बढ़ के ये किसी सूरत से कम नहीं

अन्दोहे[1] दर्दो यासो ग़मो[2] रंज अपने पास
जो कुछ है, वो तुम्हारी इनायत से कम नहीं

वो लज़्ज़ते विसाल[3] से लेते हैं जान ओ दिल
ये मेहरबानियां भी अदावत[4] से कम नहीं

वो अपने दिल में ख़ुश हों, ये बात ही कुछ और
शुक्र जफ़ा[5] वगरना[6] शिकायत से कम नहीं

ख़ुने जिगर कभी न करूंगा तमाम उम्र
जो रिज्क़[7] मिल गया, मेरी क़िस्मत से कम नहीं

तूने दिया फ़रोग़[8] तो है 'दाग़' आफ़ताब[9]
जर्रा[10] भी वर्ना उसकी हक़ीक़त से कम नहीं

---

1. दुःख 2. निराशा 3. मिलन का स्वाद 4. शत्रुता 5. निष्ठुरता 6. नहीं तो 7. जीविका 8. उन्नति 9. सूर्य 10. कण।

(110)

एक ही रंग[1] है सब में, ये तमाशा कैसा
कोई कैसा है, कोई चाहने वाला कैसा

रोये हम यास[2] में इस रंग का रोना कैसा
पानी हो-हो के बहा ख़ूने तमन्ना कैसा

अरसा ए हश्र[3] में इंसाफ़ हमारा कैसा
देखना ये है कि होता है तमाशा कैसा

बख़्श दे उस बुते शफ़्फ़ाक[4] को ऐ दावरे हश्र[5]
ख़ून ही मुझमें न था, ख़ून का दावा कैसा

नींद आयी है, बड़ी रात गये आये हो
सुर्ख़ आँखों में भला नश्शए सहबा[6] कैसा

डूबते हैं अश्क ए शर्म[7] में ग़ैरत वाले
डूब मरने ही पे जब आये, तो दरिया कैसा

ख़ूबियां लाख किसी में हों, तो ज़ाहिर न करे
लोग करते हैं बुरी बात का चर्चा कैसा

नामाबर[8] तूने भी देखा है उसे, सच कहना
जात कैसी है, फबन कैसी है, नक़्शा कैसा

---

1. व्यवहार 2. निराशा 3. प्रलय का दिन 4. कोमल 5. ईश्वर 6. शराब का नशा 7. लज्जा का पानी 8. सन्देश वाहक।

(111)

ऐब निकला जो हुनर पैदा किया
हमने खोया जिस क़दर पैदा किया

अह्ले जन्नत[1] को भी आया उससे रश्क
जिस किसी ने दिल में घर पैदा किया

शर्म है पैदा किये की उसके हाथ
जिसने मुझको बेहुनर पैदा किया

इश्क़ ने क्या-क्या दिखाये शोबदे[2]
दिल इधर खोया, उधर पैदा किया

हाय रे मैं! वाह, क्या कहना मेरा
रंज उनको छोड़कर पैदा किया

मुद्दआ ये था कि हम देखें तुझे
वरना क्यों नूरे नज़र[3] पैदा किया

जीने देता किसको 'दाग़' रूसियाह[4]
पर ख़ुदा ने देखकर पैदा किया

---

1. स्वर्ग में रहने वाले 2. खेल 3. दिव्य ज्योति 4. अभागा।

(112)

काम रुकने का नहीं ऐ दिले नादां कोई
कुछ-न-कुछ ग़ैब[1] से हो जायेगा सामां[2] कोई

बेचता हूँ, जो ख़रीदे मेरे अरमां कोई
मुफ़्त देता हूँ, अगर मान ले एहसां कोई

इश्क़ जिसको न हो ऐसा, न हो इन्सां कोई
आगे तक़दीर है ख़ुश हो कि पशेमाँ कोई

था अभी चश्मे तसव्वुर[3] में नुमायां[4] कोई
हो गया देखते-ही-देखते पिनहां[5] कोई

इन उचटती हुई बातों के नहीं हम क़ाइल
करे इनकार बअन्दाज़-ए-पैमां[6] कोई

शिकवा ए रंजिशो बेदाद[7] भी करना क़ासिद
मगर इतना कि, न हो जाये पशेमाँ कोई

देर हो जाये बला से उन्हें आराइश[8] में
रह न जाये किसी कम्बख़्त का अरमां कोई

हसरतें यूं तो मुहब्बत में बहुत होती हैं
दिल में रखने का निकल आता है अरमां कोई

---

1. आकाशवाणी 2. ढंग 3. स्वप्निल नेत्रों में 4. ज़ाहिर 5. छिपा हुआ 6. वादे की भांति 7. अत्याचारों की शिकायत 8. प्रदर्शन दिखावा।

(113)

किसी का मुझको न मुहताज रख ज़माने में
कमी है कौन-सी यारब तेरे ख़ज़ाने में

जो हो इजाज़ते सैयाद[1] ओ ताक़ते परवाज़[2]
क़फ़स[3] को ले के चला आऊ आशियाने में

रक़ीब भी तो उसे कान दे के सुनते हैं
अजब तरह का मज़ा है मेरे फ़साने में

न बाज़ आ दिले मुज़्तर[4] सवाले पैहम[5] से
वो सोचते हैं अभी देर है बहाने में

मिला न ख़िरमने हस्ती[6] से कुछ सिवा ए अजल[7]
भरा है ज़ह्र मगर इसके दाने-दाने में

न रख मुझे क़फ़स ए आहिनी[8] में ऐ सैयाद[9]
बजाये ख़ार, थे गुलशन मेरे आशियाने में

पढ़ेंगे हज़रते ज़ाहिद वहां भी जा के नमाज़
बनेगी छोटी-सी मस्जिद शराबख़ाने में

माल ए कार[10] ख़ुदा जाने 'दाग़' क्या होगा
ख़ुदा से काम पड़ा आख़िरी ज़माने में

---

1. शिकारी की आज्ञा 2. उड़ने की शक्ति 3. पिंजरा 4. परेशान 5. लगातार प्रश्न 6. जीवनरूपी खलिहान 7. मृत्यु 8. लोहे का पिंजरा 9. शिकारी 10. कार्यफल।

(114)

रू-ए- अनवर[1] नहीं देखा जाता
देखें क्योंकर नहीं देखा जाता

रश्के-दुश्मन[2] भी गवारा[3] लेकिन
तुझको मुज़्तर[4] नहीं देखा जाता

दिल में क्या ख़ाक उसे देख सके
जिसको बाहर नहीं देखा जाता

तौबा के बाद भी ख़ाली-ख़ाली
कोई साग़र[5] नहीं देखा जाता

क्या शबे-वादा हुआ हूँ बेख़ुद[6]
जानिबे-दर[7] नही देखा जाता

मुख़्तसर[8] ये है अब कि 'दाग़' का हाल
बन्दापरवर नहीं देखा जाता

---

1. दमकता हुआ चेहरा 2. शत्रु की ईर्ष्या 3. स्वीकार 4. परेशान 5. जाम 6. बेसुध 7. दरवाज़े की ओर 8. संक्षेप में

(115)

आप का ए'तिबार[1] कौन करे
रोज़ का इंतिज़ार कौन करे

ज़िक्र-ए-मेहर-ओ-वफ़ा तो हम करते
पर तुम्हें शर्मसार कौन करे

हो जो उस चश्म-ए-मस्त से बे-ख़ुद[2]
फिर उसे होशियार कौन करे

तुम तो हो जान इक ज़माने की
जान तुम पर निसार[3] कौन करे

आफ़त-ए-रोज़गार[4] जब तुम हो
शिकवा-ए-रोज़गार कौन करे

अपनी तस्बीह रहने दे ज़ाहिद[5]
दाना दाना शुमार कौन करे

हिज्र[6] में ज़हर खा के मर जाऊँ
मौत का इंतिज़ार कौन करे

आँख है तर्क-ए-ज़ुल्फ़ है सय्याद
देखें दिल का शिकार कौन करे

वा'दा करते नहीं ये कहते हैं
तुझ को उम्मीद-वार कौन करे

'दाग़' की शक्ल देख कर बोले
ऐसी सूरत को प्यार कौन करे

---

1. आत्मलीन 2. क़ुर्बान 3. जीवन की कठिनाइयाँ 4. त्यागी 5. जुदाई 6. शिकारी

(116)

ग़ज़ब किया तिरे वअ'दे पे ए'तिबार किया
तमाम रात क़यामत का इंतिज़ार किया

किसी तरह जो न उस बुत ने ए'तिबार किया
मिरी वफ़ा ने मुझे ख़ूब शर्मसार किया

हँसा हँसा के शब-ए-वस्ल[1] अश्क-बार[2] किया
तसल्लियाँ मुझे दे दे के बे-क़रार किया

ये किस ने जल्वा हमारे सर-ए-मज़ार किया
कि दिल से शोर उठा हाए बे-क़रार किया

सुना है तेग़ को क़ातिल ने आब-दार[3] किया
अगर ये सच है तो बे-शुबह हम पे वार किया

न आए राह पे वो इज्ज़ बे-शुमार[4] किया
शब-ए-विसाल भी मैं ने तो इंतिज़ार किया

तुझे तो वादा-ए-दीदार हम से करना था
ये क्या किया कि जहाँ को उमीद-वार किया

ये दिल को ताब कहाँ है कि हो मआल-अंदेश
उन्हों ने वअ'दा किया इस ने ए'तिबार किया

कहाँ का सब्र कि दम पर है बन गई ज़ालिम
ब तंग आए तो हाल-ए-दिल आश्कार[5] किया

तड़प फिर ऐ दिल-ए-नादाँ कि ग़ैर कहते हैं
अख़ीर[6] कुछ न बनी सब्र इख़्तियार किया

मिले जो यार की शोख़ी से उस की बेचैनी
तमाम रात दिल-ए-मुज़्तरिब को प्यार किया

भुला भुला के जताया है उन को राज़-ए-निहाँ
छुपा छुपा के मोहब्बत को आश्कार किया

न उस के दिल से मिटाया कि साफ़ हो जाता
सबा ने ख़ाक परेशाँ मिरा ग़ुबार किया

हम ऐसे महव-ए-नज़ारा न थे जो होश आता
मगर तुम्हारे तग़ाफ़ुल[7] ने होश्यार किया

हमारे सीने में जो रह गई थी आतिश-ए-हिज्र
शब-ए-विसाल भी उस को न हम-कनार किया

रक़ीब[8] ओ शेवा-ए-उल्फ़त ख़ुदा की क़ुदरत है
वो और इश्क़ भला तुम ने ए'तिबार किया

ज़बान-ए-ख़ार से निकली सदा-ए-बिस्मिल्लाह
जुनूँ को जब सर-ए-शोरीदा पर सवार किया

तिरी निगह के तसव्वुर में हम ने ऐ क़ातिल
लगा लगा के गले से छुरी को प्यार किया

ग़ज़ब थी कसरत-ए-महफ़िल कि मैं ने धोके में
हज़ार बार रक़ीबों को हम-कनार किया

हुआ है कोई मगर उस का चाहने वाला
कि आसमाँ ने तिरा शेवा इख़्तियार किया

न पूछ दिल की हक़ीक़त मगर ये कहते हैं
वो बे-क़रार रहे जिस ने बे-क़रार किया

जब उन को तर्ज़-ए-सितम आ गए तो होश आया
बुरा हो दिल का बुरे वक़्त होश्यार किया

फ़साना-ए-शब-ए-ग़म उन को इक कहानी थी
कुछ ए'तिबार किया कुछ न ए'तिबार किया

असीरी[9] दिल-ए-आशुफ़्ता रंग ला के रही
तमाम तुर्रा-ए-तर्रार तार तार किया

कुछ आ गई दावर-ए-महशर से है उम्मीद मुझे
कुछ आप ने मिरे कहने का ए'तिबार किया

किसी के इश्क़-ए-निहाँ में ये बद-गुमानी थी
कि डरते डरते ख़ुदा पर भी आश्कार किया

फ़लक से तौर क़यामत के बन न पड़ते थे
अख़ीर अब तुझे आशोब-ए-रोज़गार किया

वो बात कर जो कभी आसमाँ से हो न सके
सितम किया तो बड़ा तू ने इफ़्तिख़ार किया

बनेगा मेहर-ए-क़यामत भी एक ख़ाल-ए-सियाह
जो चेहरा 'दाग़'-ए-सियह-रू ने आश्कार किया

---

1. मिलन की रात 2. आँसू बरसाने वाला 3. उज्जवल 4. अनगिनत 5. व्यक्त 6. अंत 7. लापरवाही 8. दुश्मन 9. क़ैद

(117)

अजब अपना हाल होता जो विसाल-ए-यार[1] होता
कभी जान सदक़े होती कभी दिल निसार[2] होता

कोई फ़ित्ना ता-क़यामत न फिर आश्कार[3] होता
तिरे दिल पे काश ज़ालिम मुझे इख़्तियार होता

जो तुम्हारी तरह तुम से कोई झूटे वादे करता
तुम्हीं मुंसिफ़ी[4] से कह दो तुम्हें ए'तिबार होता

ग़म-ए-इश्क़ में मज़ा था जो उसे समझ के खाते
ये वो ज़हर है कि आख़िर मय-ए-ख़ुश-गवार होता

ये मज़ा था दिल-लगी का कि बराबर आग लगती
न तुझे क़रार होता न मुझे क़रार होता

न मज़ा है दुश्मनी में न है लुत्फ़ दोस्ती में
कोई ग़ैर ग़ैर होता कोई यार यार होता

तिरे वादे पर सितमगर अभी और सब्र करते
अगर अपनी ज़िंदगी का हमें ए'तिबार होता

ये वो दर्द-ए-दिल नहीं है कि हो चारासाज़ कोई
अगर एक बार मिटता तो हज़ार बार होता

गए होश तेरे ज़ाहिद[5] जो वो चश्म-ए-मस्त देखी
मुझे क्या उलट न देते जो न बादा-ख़्वार होता

मुझे मानते सब ऐसा कि अदू भी सज्दे करते
दर-ए-यार काबा बनता जो मिरा मज़ार होता

तुम्हें नाज़[6] हो न क्यूँकर कि लिया है 'दाग़' का दिल
ये रक़म न हाथ लगती न ये इफ़्तिख़ार होता

---

1. प्रेमिका से मिलन 2. क़ुर्बान 3. व्यक्त 4. न्याय 5. त्यागी 6. गर्व

(118)

बात मेरी कभी सुनी ही नहीं
जानते वो बुरी भली ही नहीं

दिल-लगी उन की दिल-लगी ही नहीं
रंज[1] भी है फ़क़त[2] हँसी ही नहीं

लुत्फ़-ए-मय[3] तुझ से क्या कहूँ ज़ाहिद
हाए कम-बख़्त तू ने पी ही नहीं

उड़ गई यूँ वफ़ा ज़माने से
कभी गोया[5] किसी में थी ही नहीं

जान क्या दूँ कि जानता हूँ मैं
तुम ने ये चीज़ ले के दी ही नहीं

हम तो दुश्मन को दोस्त कर लेते

पर करें क्या तिरी ख़ुशी ही नहीं

हम तिरी आरज़ू पे जीते हैं
ये नहीं है तो ज़िंदगी ही नहीं

दिल-लगी दिल-लगी नहीं नासेह

तेरे दिल को अभी लगी ही नहीं

'दाग़' क्यूँ तुम को बेवफ़ा कहता
वो शिकायत का आदमी ही नहीं

1. दुःख 2. बस 3. जाम का मजा 4. जैसे

(119)

अभी हमारी मोहब्बत किसी को क्या मालूम
किसी के दिल की हक़ीक़त किसी को क्या मालूम

यक़ीं तो ये है वो ख़त का जवाब लिक्खेंगे
मगर नविश्ता-ए-क़िस्मत[1] किसी को क्या मालूम

ब-ज़ाहिर उन को हया-दार[2] लोग समझे हैं
हया में जो है शरारत किसी को क्या मालूम

क़दम क़दम पे तुम्हारे हमारे दिल की तरह
बसी हुई है क़यामत किसी को क्या मालूम

ये रंज ओ ऐश हुए हिज्र ओ वस्ल में हम को
कहाँ है दोज़ख़ ओ जन्नत किसी को क्या मालूम

जो सख़्त बात सुने दिल तो टूट जाता है
इस आईने की नज़ाकत[3] किसी को क्या मालूम

किया करें वो सुनाने को प्यार की बातें
उन्हें है मुझ से अदावत[4] किसी को क्या मालूम

ख़ुदा करे न फँसे दाम-ए-इश्क़ में कोई
उठाई है जो मुसीबत किसी को क्या मालूम

अभी तो फ़ित्ने ही बरपा किए हैं आलम में
उठाएँगे वो क़यामत किसी को क्या मालूम

जनाब-ए-'दाग़' के मशरब[5] को हम से तो पूछो
छुपे हुए हैं ये हज़रत किसी को क्या मालूम

---

1. तक़दीर का लिखा 2. लज्जाशील 3. कोमलता 4. शत्रुता 5. पानी पीने का स्थान

(120)

ना-रवा कहिए ना-सज़ा कहिए
कहिए कहिए मुझे बुरा कहिए

तुझ को बद-अहद[1] ओ बेवफ़ा कहिए
ऐसे झूटे को और क्या कहिए

दर्द दिल का न कहिए या कहिए
जब वो पूछे मिज़ाज क्या कहिए

फिर न रुकिए जो मुद्दआ कहिए
एक के बा'द दूसरा कहिए

आप अब मेरा मुँह न खुलवाएँ
ये न कहिए कि मुद्दआ कहिए

वो मुझे क़त्ल कर के कहते हैं
मानता ही न था ये क्या कहिए

दिल में रखने की बात है ग़म-ए-इश्क़
इस को हरगिज़ न बरमला[2] कहिए

तुझ को अच्छा कहा है किस किस ने
कहने वालों को और क्या कहिए

वो भी सुन लेंगे ये कभी न कभी
हाल-ए-दिल सब से जा-ब-जा[3] कहिए

मुझ को कहिए बुरा न ग़ैर के साथ
जो हो कहना जुदा जुदा कहिए

इंतिहा इश्क़ की ख़ुदा जाने
दम-ए-आख़िर को इब्तिदा[4] कहिए

मेरे मतलब से क्या ग़रज़ मतलब
आप अपना तो मुद्दआ कहिए

ऐसी कश्ती का डूबना अच्छा
कि जो दुश्मन को नाख़ुदा कहिए

सब्र फ़ुर्क़त में आ ही जाता है
पर उसे देर-आश्ना कहिए

आ गई आप को मसीहाई
मरने वालों को मर्हबा[5] कहिए

आप का ख़ैर-ख़्वाह[6] मेरे सिवा
है कोई और दूसरा कहिए

हाथ रख कर वो अपने कानों पर
मुझ से कहते हैं माजरा कहिए

होश जाते रहे रक़ीबों के
'दाग़' को और बा-वफ़ा कहिए

---

1. अपने वचन और शब्द से फिर जाने वाला 2. खुल्लमखुल्ला 3. जगह जगह 4. आदि 5. शाबाश 6. भलाई चाहने वाला

(121)

ख़ातिर से या लिहाज़[1] से मैं मान तो गया
झूटी क़सम से आप का ईमान तो गया

दिल ले के मुफ़्त कहते हैं कुछ काम का नहीं
उल्टी शिकायतें हुईं एहसान[2] तो गया

डरता हूँ देख कर दिल-ए-बे-आरज़ू को मैं
सुनसान घर ये क्यूँ न हो मेहमान तो गया

क्या आए राहत आई जो कुंज-ए-मज़ार में
वो वलवला[3] वो शौक़ वो अरमान[4] तो गया

देखा है बुत-कदे में जो ऐ शैख़ कुछ न पूछ
ईमान की तो ये है कि ईमान तो गया

इफ़्शा-ए-राज़-ए-इश्क़ में गो ज़िल्लतें[5] हुईं
लेकिन उसे जता तो दिया जान तो गया

गो नामा-बर[6] से ख़ुश न हुआ पर हज़ार शुक्र
मुझ को वो मेरे नाम से पहचान तो गया

बज़्म-ए-अदू में सूरत-ए-परवाना दिल मिरा
गो रश्क से जला तिरे क़ुर्बान तो गया

होश ओ हवास ओ ताब ओ तवाँ[7] 'दाग़' जा चुके
अब हम भी जाने वाले हैं सामान तो गया

---

1. इज्जत 2. उपकार 3. उत्साह 4. इच्छा 5. बेइज्जती 6. डाकिया 7. शक्ति

(122)

इस नहीं का कोई इलाज नहीं
रोज़ कहते हैं आप आज नहीं

कल जो था आज वो मिज़ाज नहीं
इस तलव्वुन[1] का कुछ इलाज नहीं

आइना देखते ही इतराए
फिर ये क्या है अगर मिज़ाज नहीं

ले के दिल रख लो काम आएगा
गो अभी तुम को एहतियाज[2] नहीं

हो सकें हम मिज़ाज-दाँ क्यूँकर
हम को मिलता तिरा मिज़ाज नहीं

चुप लगी लाल-ए-जाँ-फ़ज़ा को तिरे
इस मसीहा का कुछ इलाज नहीं

दिल-ए-बे-मुद्दआ ख़ुदा ने दिया
अब किसी शय की एहतियाज नहीं

खोटे दामों में ये भी क्या ठहरा
दिरहम-ए-'दाग़' का रिवाज नहीं

बे-नियाज़ी की शान कहती है
बंदगी की कुछ एहतियाज नहीं

दिल-लगी कीजिए रक़ीबों से
इस तरह का मिरा मिज़ाज नहीं

इश्क़ है पादशाह-ए-आलम-गीर
गरचे ज़ाहिर में तख़्त-ओ-ताज नहीं

दर्द-ए-फ़ुर्क़त[3] की गो दवा है विसाल
इस के क़ाबिल भी हर मिज़ाज नहीं

यास ने क्या बुझा दिया दिल को
कि तड़प कैसी इख़्तिलाज[4] नहीं

हम तो सीरत-पसंद आशिक़ हैं
ख़ूब-रू क्या जो ख़ुश-मिज़ाज नहीं

हूर से पूछता हूँ जन्नत में
इस जगह क्या बुतों का राज नहीं

सब्र भी दिल को 'दाग़' दे लेंगे
अभी कुछ इस की एहतियाज नहीं

---

1. रंग बदलना 2. जरूरत 3. विरह का दुःख 4. दिल की धड़कन

(123)

मिलाते हो उसी को ख़ाक में जो दिल से मिलता है
मिरी जाँ चाहने वाला बड़ी मुश्किल से मिलता है

कहीं है ईद की शादी कहीं मातम है मक़्तल[1] में
कोई क़ातिल से मिलता है कोई बिस्मिल से मिलता है

पस-ए-पर्दा भी लैला हाथ रख लेती है आँखों पर
ग़ुबार-ए-ना-तवान-ए-क़ैस जब महमिल[2] से मिलता है

भरे हैं तुझ में वो लाखों हुनर ऐ मजमा-ए-ख़ूबी
मुलाक़ाती तिरा गोया भरी महफ़िल से मिलता है

मुझे आता है क्या क्या रश्क वक़्त-ए-ज़ब्ह उस से भी
गला जिस दम लिपट कर ख़ंजर-ए-क़ातिल से मिलता है

ब-ज़ाहिर बा-अदब यूँ हज़रत-ए-नासेह से मिलता हूँ
मुरीद-ए-ख़ास जैसे मुर्शिद-ए-कामिल से मिलता है

मिसाल-ए-गंज-ए-क़ारूँ अहल-ए-हाजत से नहीं छुपता
जो होता है सख़ी ख़ुद ढूँड कर साइल से मिलता है

जवाब इस बात का उस शोख़ को क्या दे सके कोई
जो दिल ले कर कहे कम-बख़्त तू किस दिल से मिलता है

छुपाए से कोई छुपती है अपने दिल की बेताबी
कि हर तार-ए-नफ़स[3] अपना रग-ए-बिस्मिल से मिलता है

अदम[4] की जो हक़ीक़त है वो पूछो अहल-ए-हस्ती से
मुसाफ़िर को तो मंज़िल का पता मंज़िल से मिलता है

ग़ज़ब है 'दाग़' के दिल से तुम्हारा दिल नहीं मिलता
तुम्हारा चाँद सा चेहरा मह-ए-कामिल से मिलता है

---

1. रणभूमि 2. ऊँट पर बाँधने का कजावा स्त्रियाँ बैठती हैं 3. साँस का तार 4. अदम

(124)

लुत्फ़[1] वो इश्क़ में पाए हैं कि जी जानता है
रंज भी ऐसे उठाए हैं कि जी जानता है

जो ज़माने के सितम[2] हैं वो ज़माना जाने
तू ने दिल इतने सताए हैं कि जी जानता है

तुम नहीं जानते अब तक ये तुम्हारे अंदाज़
वो मिरे दिल में समाए हैं कि जी जानता है

इन्हीं क़दमों ने तुम्हारे इन्हीं क़दमों की क़सम
ख़ाक[3] में इतने मिलाए हैं कि जी जानता है

दोस्ती में तिरी दर-पर्दा हमारे दुश्मन
इस क़दर अपने पराए हैं कि जी जानता है

1. मजा 2. अत्याचार 3. धूल

(125)

भवें तनती हैं ख़ंजर[1] हाथ में है तन के बैठे हैं
किसी से आज बिगड़ी है कि वो यूँ बन के बैठे हैं

दिलों पर सैकड़ों सिक्के तिरे जोबन[2] के बैठे हैं
कलेजों पर हज़ारों तीर इस चितवन के बैठे हैं

इलाही क्यूँ नहीं उठती क़यामत माजरा क्या है
हमारे सामने पहलू में वो दुश्मन के बैठे हैं

ये गुस्ताख़ी ये छेड़ अच्छी नहीं है ऐ दिल-ए-नादाँ
अभी फिर रूठ जाएँगे अभी तो मन के बैठे हैं

असर है जज़्ब-ए-उल्फ़त में तो खिंच कर आ ही जाएँगे
हमें पर्वा नहीं हम से अगर वो तन के बैठे हैं

सुबुक हो जाएँगे गर जाएँगे वो बज़्म-ए-दुश्मन[3] में
कि जब तक घर में बैठे हैं वो लाखों मन के बैठे हैं

फ़ुसूँ[4] है या दुआ है या मुअ'म्मा खुल नहीं सकता
वो कुछ पढ़ते हुए आगे मिरे मदफ़न[5] के बैठे हैं

बहुत रोया हूँ मैं जब से ये मैं ने ख़्वाब देखा है
कि आप आँसू बहाते सामने दुश्मन के बैठे हैं

खड़े हों ज़ेर-ए-तूबा वो न दम लेने को दम भर भी
जो हसरत-मंद तेरे साया-ए-दामन के बैठे हैं

तलाश-ए-मंज़िल-ए-मक़्सद की गर्दिश उठ नहीं सकती
कमर खोले हुए रस्ते में हम रहज़न के बैठे हैं

ये जोश-ए-गिर्या तो देखो कि जब फ़ुर्क़त में रोया हूँ
दर ओ दीवार इक पल में मिरे मदफ़न के बैठे हैं

निगाह-ए-शोख़ ओ चश्म-ए-शौक़ में दर-पर्दा छनती है
कि वो चिलमन में हैं नज़दीक हम चिलमन के बैठे हैं

ये उठना बैठना महफ़िल में उन का रंग लाएगा
क़यामत बन के उट्ठेंगे भबूका बन के बैठे हैं

किसी की शामत आएगी किसी की जान जाएगी
किसी की ताक में वो बाम पर बन-ठन के बैठे हैं

क़सम दे कर उन्हें ये पूछ लो तुम रंग-ढंग उस के
तुम्हारी बज़्म में कुछ दोस्त भी दुश्मन के बैठे हैं

कोई छींटा पड़े तो 'दाग़' कलकत्ते चले जाएँ
अज़ीमाबाद में हम मुंतज़िर सावन के बैठे हैं

---

1. हथियार 2. जवानी 3. दुश्मनों की सभा 4. जादू 5. दफ़्न करने की जगह

(126)

कहते हैं जिस को हूर[1] वो इंसाँ तुम्हीं तो हो
जाती है जिस पे जान मिरी जाँ तुम्हीं तो हो

मतलब की कह रहे हैं वो दाना हमीं तो हैं
मतलब की पूछते हो वो नादाँ तुम्हीं तो हो

आता है बाद-ए-ज़ुल्म तुम्हीं को तो रहम भी
अपने किए से दिल में पशेमाँ तुम्हीं तो हो

पछताओगे बहुत मिरे दिल को उजाड़ कर
इस घर में और कौन है मेहमाँ तुम्हीं तो हो

इक रोज़ रंग लाएँगी ये मेहरबानियाँ
हम जानते थे जान के ख़्वाहाँ[2] तुम्हीं तो हो

दिलदार ओ दिल-फ़रेब दिल-आज़ार[3] ओ दिल-सिताँ
लाखों में हम कहेंगे कि हाँ हाँ तुम्हीं तो हो

करते हो 'दाग़' दूर से बुत-ख़ाने[4] को सलाम
अपनी तरह के एक मुसलमाँ तुम्हीं तो हो

1.स्वर्ग की अप्सरा 2. इच्छुक 3. दिल दुखाने वाला 4. मन्दिर

(127)

अब वो ये कह रहे हैं मिरी मान जाइए
अल्लाह तेरी शान के क़ुर्बान जाइए

बिगड़े हुए मिज़ाज को पहचान जाइए
सीधी तरह न मानिएगा मान जाइए

किस का है ख़ौफ़ रोकने वाला ही कौन है
हर रोज़ क्यूँ न जाइए मेहमान जाइए

महफ़िल में किस ने आप को दिल में छुपा लिया
इतनों में कौन चोर है पहचान जाइए
हैं तेवरी में बल तो निगाहें फिरी हुई
जाते हैं ऐसे आने से औसान[1] जाइए

दो मुश्किलें हैं एक जताने में शौक़ के
पहले तो जान जाइए फिर मान जाइए

इंसान को है ख़ाना-ए-हस्ती में लुत्फ़ क्या
मेहमान आइए तो पशेमान[2] जाइए

गो वादा-ए-विसाल[3] हो झूटा मज़ा तो है
क्यूँ कर न ऐसे झूट के क़ुर्बान जाइए

रह जाए बा'द-ए-वस्ल भी चेटक लगी हुई
कुछ रखिए कुछ निकाल के अरमान जाइए

अच्छी कही कि ग़ैर के घर तक ज़रा चलो
मैं आप का नहीं हूँ निगहबान जाइए

आए हैं आप ग़ैर के घर से खड़े खड़े
ये और को जताइए एहसान, जाइए

दोनों से इम्तिहान-ए-वफ़ा पर ये कह दिया
मनवाइए रक़ीब को या मान जाइए

क्या बद-गुमानियाँ हैं उन्हें मुझ को हुक्म है
घर में ख़ुदा के भी तो न मेहमान जाइए

क्या फ़र्ज़ है कि सब मिरी बातें क़ुबूल हैं
सुन सुन के कुछ न मानिए कुछ मान जाइए

सौदाइयान-ए-ज़ुल्फ़ में कुछ तो लटक भी हो
जन्नत में जाइए तो परेशान जाइए

दिल को जो देख लो तो यही प्यार से कहो
क़ुर्बान जाइए तिरे क़ुर्बान जाइए

दिल को जो देख लो तो यही प्यार से कहो
क़ुर्बान जाइए तिरे क़ुर्बान जाइए

जाने न दूँगा आप को बे-फ़ैसला हुए
दिल के मुक़द्दमे को अभी छान जाइए

ये तो बजा कि आप को दुनिया से क्या ग़रज़
जाती है जिस की जान उसे जान जाइए

ग़ुस्से में हाथ से ये निशानी न गिर पड़े
दामन में ले के मेरा गरेबान जाइए

ये मुख़्तसर[4] जवाब मिला अर्ज़-ए-वस्ल पर
दिल मानता नहीं कि तिरी मान जाइए

वो आज़मूदा-कार तो है गर वली नहीं
जो कुछ बताए 'दाग़' उसे मान जाइए

---

1. होश 2. लज्जित 3. मिलने का वादा 4. संक्षेप में

(128)

काबे की है हवस कभी कू-ए-बुताँ[1] की है
मुझ को ख़बर नहीं मिरी मिट्टी कहाँ की है

सुन के मिरा फ़साना उन्हें लुत्फ़ आ गया
सुनता हूँ अब कि रोज़ तलब क़िस्सा-ख़्वाँ[2] की है

पैग़ाम-बर की बात पर आपस में रंज क्या
मेरी ज़बाँ की है न तुम्हारी ज़बाँ की है

कुछ ताज़गी हो लज़्ज़त-ए-आज़ार[3] के लिए
हर दम मुझे तलाश नए आसमाँ की है

जाँ-बर भी हो गए हैं बहुत मुझ से नीम-जाँ[4]
क्या ग़म है ऐ तबीब[5] जो पूरी वहाँ की है

हसरत बरस रही है हमारे मज़ार पर
कहते हैं सब ये क़ब्र किसी नौजवाँ की है

वक़्त-ए-ख़िराम-ए-नाज़ दिखा दो जुदा जुदा
ये चाल हश्र की ये रविश[6] आसमाँ की है

फ़ुर्सत कहाँ कि हम से किसी वक़्त तू मिले
दिन ग़ैर का है रात तिरे पासबाँ की है

क़ासिद[7] की गुफ़्तुगू से तसल्ली हो किस तरह
छुपती नहीं वो बात जो तेरी ज़बाँ की है

जौर-ए-रक़ीब ओ ज़ुल्म-ए-फ़लक का नहीं ख़याल
तशवीश एक ख़ातिर-ए-ना-मेहरबाँ की है

सुन कर मिरा फ़साना-ए-ग़म उस ने ये कहा
हो जाए झूट सच यही ख़ूबी बयाँ की है

दामन संभाल बाँध कमर आस्तीं चढ़ा
ख़ंजर निकाल दिल में अगर इम्तिहाँ की है

हर हर नफ़स में दिल से निकलने लगा ग़ुबार
क्या जाने गर्द-ए-राह ये किस कारवाँ की है

क्यूँकि न आते ख़ुल्द से आदम ज़मीन पर
मौज़ूँ वहीं वो ख़ूब है जो सुनते जहाँ की है

तक़दीर से ये पूछ रहा हूँ कि इश्क़ में
तदबीर कोई भी सितम-ए-ना-गहाँ की है

उर्दू है जिस का नाम हमीं जानते हैं 'दाग़'
हिन्दोस्ताँ में धूम हमारी ज़बाँ की है

---

1. देवता की गली 2. कहानी सुनाने वाला 3. दर्द की इन्तिहाँ 4. अधमरा 5. चिकित्सक 6. मिज़ाज 7. संदेशवाहक

(129)

दिल चुरा कर नज़र चुराई है
लुट गए लुट गए दुहाई[1] है

एक दिन मिल के फिर नहीं मिलते
किस क़यामत[2] की ये जुदाई है

ऐ असर कर न इंतिज़ार-ए-दुआ[3]
माँगना सख़्त बे-हयाई है

मैं यहाँ हूँ वहाँ है दिल मेरा
ना-रसाई[4] अजब रसाई[5] है

इस तरह अहल-ए-नाज़ नाज़ करें
बंदगी है कि ये ख़ुदाई है

पानी पी पी के तौबा करता हूँ
पारसाई सी पारसाई[6] है

वा'दा करने का इख़्तियार रहा
बात करने में क्या बुराई है

कब निकलता है अब जिगर से तीर
ये भी क्या तेरी आश्नाई[7] है

'दाग़' उन से दिमाग़ करते हैं
नहीं मालूम क्या समाई है

---

1. न्याय की मांग 2. प्रलय 3. दुआ का इंतजार 4. असफलता 5. सफलता 6. धार्मिकता 7. दोस्ती

(130)

दिल को क्या हो गया ख़ुदा जाने
क्यूँ है ऐसा उदास क्या जाने

अपने ग़म में भी उस को सरफ़ा है
न खिला जाने वो न खा जाने

इस तजाहुल[1] का क्या ठिकाना है
जान कर जो न मुद्दआ जाने

कह दिया मैं ने राज़-ए-दिल अपना
उस को तुम जानो या ख़ुदा जाने

क्या ग़रज़ क्यूँ इधर तवज्जोह[2] हो
हाल-ए-दिल आप की बला जाने

जानते जानते ही जानेगा
मुझ में क्या है अभी वो क्या जाने

क्या हम उस बद-गुमाँ से बात करें
जो सताइश को भी गिला जाने

तुम न पाओगे सादा-दिल मुझ सा
जो तग़ाफ़ुल[3] को भी हया जाने

है अबस[4] जुर्म-ए-इश्क़ पर इल्ज़ाम
जब ख़ता-वार भी ख़ता जाने

नहीं कोताह[5] दामन-ए-उम्मीद
आगे अब दस्त-ए-ना-रसा जाने

जो हो अच्छा हज़ार अच्छों का
वाइ'ज़ उस बुत को तू बुरा जाने

की मिरी क़द्र मिस्ल-ए-शाह-ए-दकन
किसी नव्वाब ने न राजा ने

उस से उट्ठेगी क्या मुसीबत-ए-इश्क़
इब्तिदा को जो इंतिहा जाने

'दाग़' से कह दो अब न घबराओ
काम अपना बता हुआ जाने

---

1. जान-बूझकर अनजान बनना 2. ध्यान देना 3. लापरवाही 4. व्यर्थ 5. छोटा

(131)

वो ज़माना नज़र नहीं आता
कुछ ठिकाना नज़र नहीं आता

जान जाती दिखाई देती है
उन का आना नज़र नहीं आता

इश्क़ दर-पर्दा फूँकता है आग
ये जलाना नज़र नहीं आता

इक ज़माना मिरी नज़र में रहा
इक ज़माना नज़र नहीं आता

दिल ने इस बज़्म[1] में बिठा तो दिया
उठ के जाना नज़र नहीं आता

रहिए मुश्ताक़-ए-जल्वा-ए-दीदार
हम ने माना नज़र नहीं आता

ले चलो मुझ को राह-रवान-ए-अदम
याँ ठिकाना नज़र नहीं आता

दिल पे बैठा कहाँ से तीर-ए-निगाह[2]
ये निशाना नज़र नहीं आता

तुम मिलाओगे ख़ाक[3] में हम को
दिल मिलाना नज़र नहीं आता

आप ही देखते हैं हम को तो
दिल का आना नज़र नहीं आता

दिल-ए-पुर-आरज़ू[4] लुटा ऐ 'दाग़'
वो ख़ज़ाना नज़र नहीं आता

---

1. सभा 2. नजर का तीर 3. धूल 4. दिल की इच्छा

(132)

फ़लक देता है जिन को ऐश उन को ग़म भी होते हैं
जहाँ बजते हैं नक़्क़ारे[1] वहीं मातम भी होते हैं

गिले शिकवे कहाँ तक होंगे आधी रात तो गुज़री
परेशाँ[2] तुम भी होते हो परेशाँ हम भी होते हैं

जो रक्खे चारागर काफ़ूर[3] दूनी आग लग जाए
कहीं ये ज़ख़्म-ए-दिल शर्मिंदा-ए-मरहम भी होते हैं

वो आँखें सामरी-फ़न हैं वो लब ईसा-नफ़स देखो
मुझी पर सेहर होते हैं मुझी पर दम भी होते हैं

ज़माना दोस्ती पर इन हसीनों की न इतराए
ये आलम-दोस्त अक्सर दुश्मन-ए-आलम भी होते हैं

ब-ज़ाहिर रहनुमा हैं और दिल में बद-गुमानी है
तिरे कूचे में जो जाता है आगे हम भी होते हैं

हमारे आँसुओं की आबदारी और ही कुछ है
कि यूँ होने को रौशन गौहर-ए-शबनम[4] भी होते हैं

ख़ुदा के घर में क्या है काम ज़ाहिद[5] बादा-ख़्वारों[6] का
जिन्हें मिलती नहीं वो तिश्ना-ए-ज़मज़म भी होते हैं

हमारे साथ ही पैदा हुआ है इश्क़ ऐ नासेह[7]
जुदाई किस तरह से हो जुदा तवाम[8] भी होते हैं

नहीं घटती शब-ए-फ़ुर्क़त भी अक्सर हम ने देखा है
जो बढ़ जाते हैं हद से वो ही घट कर कम भी होते हैं

बचाऊँ पैरहन क्या चारागर मैं दस्त-ए-वहशत से
कहीं ऐसे गरेबाँ दामन-ए-मरयम भी होते हैं

तबीअत की कजी हरगिज़ मिटाए से नहीं मिटती
कभी सीधे तुम्हारे गेसू-ए-पुर-ख़म भी होते हैं

जो कहता हूँ कि मरता हूँ तो फ़रमाते हैं मर जाओ
जो ग़श आता है तो मुझ पर हज़ारों दम भी होते हैं

किसी का वादा-ए-दीदार तो ऐ 'दाग़' बर-हक़ है
मगर ये देखिए दिल-शाद उस दिन हम भी होते हैं

---

1. ढोल 2. बिखरा हुआ 3. स्वर्ग का एक चश्मा 4. ओस की बूँद 5. संयमी 6. शराबी 7. नसीहत 8. जुड़वां

(133)

सबक़ ऐसा पढ़ा दिया तू ने
दिल से सब कुछ भला दिया तू ने

हम निकम्मे हुए ज़माने के
काम ऐसा सिखा दिया तू ने

कुछ तअ'ल्लुक़ रहा न दुनिया से
शग़ल ऐसा बता दिया तू ने

किस ख़ुशी की ख़बर सुना के मुझे
ग़म का पुतला बना दिया तू ने

क्या बताऊँ कि क्या लिया मैं ने
क्या कहूँ मैं की क्या दिया तू ने

बे-तलब[1] जो मिला मिला मुझ को
बे-ग़रज़[2] जो दिया दिया तू ने

उम्र-ए-जावेद ख़िज़्र को बख़्शी
आब-ए-हैवाँ[3] पिला दिया तू ने

नार-ए-नमरूद को किया गुलज़ार
दोस्त को यूँ बचा दिया तू ने

दस्त-ए-मूसा में फ़ैज़ बख़्शिश[4] है
नूर-ओ-लौह-ओ-असा दिया तू ने

सुब्ह मौज नसीम गुलशन को
नफ़स-ए-जाँ-फ़ज़ा दिया तू ने

शब-ए-तीरा[5] में शम्अ' रौशन को
नूर ख़ुर्शीद का दिया तू ने

नग़्मा बुलबुल को रंग-ओ-बू गुल को
दिल-कश-ओ-ख़ुशनुमा दिया तू ने

कहीं मुश्ताक़[6] से हिजाब हुआ
कहीं पर्दा उठा दिया तू ने

था मिरा मुँह न क़ाबिल-ए-लब्बैक
का'बा मुझ को दिखा दिया तू ने

जिस क़दर मैं ने तुझ से ख़्वाहिश की
इस से मुझ को सिवा दिया तू ने

रहबर-ए-ख़िज़्र-ओ-हादी-ए-इल्यास
मुझ को वो रहनुमा दिया तू ने

मिट गए दिल से नक़्श-ए-बातिल सब
नक़्शा अपना जमा दिया तू ने

है यही राह मंज़िल-ए-मक़्सूद[7]
ख़ूब रस्ते लगा दिया तू ने

मुझ गुनहगार को जो बख़्श दिया
तो जहन्नुम को क्या दिया तू ने

'दाग़' को कौन देने वाला था
जो दिया ऐ ख़ुदा दिया तू ने

---

1. बिना पूछे 2. निस्वार्थ 3. अमृत 4. अनुदान 5. अँधेरी रात 6. इच्छुक 7. लक्ष्य

(134)

कौन सा ताइर-ए-गुम-गश्ता[1] उसे याद आया
देखता भालता हर शाख़ को सय्याद आया

मेरे क़ाबू में न पहरों दिल-ए-नाशाद[2] आया
वो मिरा भूलने वाला जो मुझे याद आया

कोई भूला हुआ अंदाज़-ए-सितम याद आया
कि तबस्सुम[3] तुझे ज़ालिम दम-ए-बेदाद आया

लाए हैं लोग जनाज़े की तरह महशर में
किस मुसीबत से तिरा कुश्ता-ए-बेदाद आया

जज़्ब-ए-वहशत तिरे क़ुर्बान तिरा क्या कहना
खिंच के रग रग में मिरे नश्तर-ए-फ़स्साद[4] आया

उस के जल्वे को ग़रज़ कौन-ओ-मकाँ से क्या था
दाद लेने के लिए हुस्न-ए-ख़ुदा-दाद आया

बस्तियों से यही आवाज़ चली आती है
जो किया तू ने वो आगे तिरे फ़रहाद आया

दिल-ए-वीराँ से रक़ीबों ने मुरादें पाईं
काम किस किस के मिरा ख़िर्मन-ए-बर्बाद आया

इश्क़ के आते ही मुँह पर मिरे फूली है बसंत
हो गया ज़र्द ये शागिर्द[5] जब उस्ताद[6] आया

हो गया फ़र्ज़ मुझे शौक़ का दफ़्तर लिखना
जब मिरे हाथ कोई ख़ामा-ए-फ़ौलाद आया

ईद है क़त्ल मिरा अहल-ए-तमाशा के लिए
सब गले मिलने लगे जब कि वो जल्लाद आया

चैन करते हैं वहाँ रंज उठाने वाले
काम उक़्बा में हमारा दिल-ए-नाशाद आया

दी शब-ए-वस्ल मोअज़्ज़िन ने अज़ाँ पिछली रात
हाए कम-बख़्त को किस वक़्त ख़ुदा याद आया

मेरे नाले ने सुनाई है खरी किस किस को
मुँह फ़रिश्तों पे ये गुस्ताख़ ये आज़ाद आया

ग़म-ए-जावेद ने दी मुझ को मुबारकबादी
जब सुना ये कि उन्हें शेवा-ए-बेदाद आया

मैं तमन्ना-ए-शहादत का मज़ा भूल गया
आज इस शौक़ से अरमान से जल्लाद आया

शादियाना[7] जो दिया नाला ओ शेवन ने दिया
जब मुलाक़ात को नाशाद की नाशाद[8] आया

लीजिए सुनिए अब अफ़्साना-ए-फ़ुर्क़त मुझ से
आप ने याद दिलाया तो मुझे याद आया

आप की बज़्म में सब कुछ है मगर 'दाग़' नहीं
हम को वो ख़ाना-ख़राब आज बहुत याद आया

---

1. खोई हुई चिड़िया 2. दुखी दिल 3. मुस्कान 4. वह निश्तर जिससे रगों से गंदा खून निकाला जाता है
5. शिष्य 6. गुरु 7. बधाई 8. दुखी

(135)

ज़ाहिद[1] न कह बुरी कि ये मस्ताने आदमी हैं
तुझ को लिपट पड़ेंगे दीवाने आदमी हैं

ग़ैरों की दोस्ती पर क्यूँ ए'तिबार कीजे
ये दुश्मनी करेंगे बेगाने आदमी हैं

जो आदमी पे गुज़री वो इक सिवा तुम्हारे
क्या जी लगा के सुनते अफ़्साने आदमी हैं

क्या जुरअतें जो हम को दरबाँ तुम्हारा टोके
कह दो कि ये तो जाने-पहचाने आदमी हैं

मय बूँद भर पिला कर क्या हँस रहा है साक़ी
भर भर के पीते आख़िर पैमाने आदमी हैं

तुम ने हमारे दिल में घर कर लिया तो क्या है
आबाद करते आख़िर वीराने आदमी हैं

नासेह से कोई कह दे कीजे कलाम ऐसा
हज़रत को ता कि कोई ये जाने आदमी हैं

जब दावर-ए-क़यामत[2] पूछेगा तुम पे रख कर
कह देंगे साफ़ हम तो बेगाने आदमी हैं

मैं वो बशर[3] कि मुझ से हर आदमी को नफ़रत
तुम शम्अ वो कि तुम पर परवाने आदमी हैं

महफ़िल भरी हुई है सौदाइयों से उस की
उस ग़ैरत-ए-परी पर दीवाने आदमी हैं

शाबाश 'दाग़' तुझ को क्या तेग़-ए-इश्क़ खाई
जी करते हैं वही जो मर्दाने आदमी हैं

---

1. त्यागी 2. खुदा 3. मनुष्य

(136)

ये बात बात में क्या नाज़ुकी[1] निकलती है
दबी दबी तिरे लब से हँसी निकलती है

ठहर ठहर के जला दिल को एक बार न फूँक
कि इस में बू-ए-मोहब्बत[2] अभी निकलती है

बजाए शिकवा भी देता हूँ मैं दुआ उस को
मिरी ज़बाँ से करूँ क्या यही निकलती है

ख़ुशी में हम ने ये शोख़ी कभी नहीं देखी
दम-ए-इताब[3] जो रंगत तिरी निकलती है

हज़ार बार जो माँगा करो तो क्या हासिल
दुआ वही है जो दिल से कभी निकलती है

अदा से तेरी मगर खिंच रहीं हैं तलवारें
निगह निगह से छुरी पर छुरी निकलती है

मुहीत-ए-इश्क़ में है क्या उमीद ओ बीम मुझे
कि डूब डूब के कश्ती मिरी निकलती है

झलक रही है सर-ए-शाख़-ए-मिज़ा ख़ून की बूँद
शजर में पहले समर से कली निकलती है

शब-ए-फ़िराक़ जो खोले हैं हम ने ज़ख़्म-ए-जिगर
ये इंतिज़ार है कब चाँदनी निकलती है

समझ तो लीजिए कहने तो दीजिए मतलब
बयाँ से पहले ही मुझ पर छुरी निकलती है

ये दिल की आग है या दिल के नूर का है ज़ुहूर
नफ़स नफ़स में मिरे रौशनी निकलती है

कहा जो मैं ने कि मर जाऊँगा तो कहते हैं
हमारे ज़ाइचे में ज़िंदगी निकलती है

समझने वाले समझते हैं पेच की तक़रीर
कि कुछ न कुछ तिरी बातों में फ़ी निकलती है

दम-ए-अख़ीर[4] तसव्वुर है किस परी-वश का
कि मेरी रूह भी बन कर परी निकलती है

सनम-कदे[5] में भी है हुस्न इक ख़ुदाई का
कि जो निकलती है सूरत परी निकलती है

मिरे निकाले न निकलेगी आरज़ू मेरी
जो तुम निकालना चाहो अभी निकलती है

ग़म-ए-फ़िराक़ में हो 'दाग़' इस क़दर बेताब
ज़रा से रंज में जाँ आप की निकलती है

---

1. कोमलता 2. प्यार की खुशबू 3. गुस्से का क्षण 4. आखिरी क्षण 5. मंदिर

(137)

तेरी सूरत को देखता हूँ मैं
उस की क़ुदरत को देखता हूँ मैं

जब हुई सुब्ह आ गए नासेह[1]
उन्हीं हज़रत को देखता हूँ मैं

वो मुसीबत सुनी नहीं जाती
जिस मुसीबत को देखता हूँ मैं

देखने आए हैं जो मेरी नब्ज़
उन की सूरत को देखता हूँ मैं

मौत मुझ को दिखाई देती है
जब तबीअत को देखता हूँ मैं

शब-ए-फ़ुर्क़त[2] उठा उठा कर सर
सुब्ह-ए-इशरत को देखता हूँ मैं

दूर बैठा हुआ सर-ए-महफ़िल
रंग-ए-सोहबत को देखता हूँ मैं

हर मुसीबत है बे-मज़ा शब-ए-ग़म[3]
आफ़त[4] आफ़त को देखता हूँ मैं

न मोहब्बत को जानते हो तुम
न मुरव्वत को देखता हूँ मैं

कोई दुश्मन को यूँ न देखेगा
जैसे क़िस्मत को देखता हूँ मैं

हश्र में 'दाग़' कोई दोस्त नहीं
सारी ख़िल्क़त[5] को देखता हूँ मैं

---

1. उपदेश देने वाला 2. बिरह यामिनी 3. दुख की रात 4. मुसीबत 5. दुनिया के लोग

(138)

उज़्र[1] उन की ज़बान से निकला
तीर गोया कमान से निकला

वो छलावा इस आन से निकला
अल-अमाँ[2] हर ज़बान से निकला

ख़ार-ए-हसरत बयान से निकला
दिल का काँटा ज़बान से निकला

फ़ित्ना-गर[3] क्या मकान से निकला
आसमाँ आसमान से निकला

आ गया ग़श निगाह देखते ही
मुद्दआ कब ज़बान से निकला

खा गए थे वफ़ा का धोका हम
झूट सच इम्तिहान से निकला

दिल में रहने न दूँ तिरा शिकवा
दिल में आया ज़बान से निकला

वहम आते हैं देखिए क्या हो
वो अकेला मकान से निकला

तुम बरसते रहे सर-ए-महफ़िल
कुछ भी मेरी ज़बान से निकला

सच तो ये है मोआमला दिल का
बाहर अपने गुमान से निकला

उस को आयत हदीस क्या समझें
जो तुम्हारी ज़बान से निकला

पड़ गया जो ज़बाँ से तेरी हर्फ़
फिर न अपने मकान से निकला

देख कर रू-ए-यार[4] सल्ले-अला
बे-तहाशा ज़बान से निकला

लो क़यामत अब आई वो काफ़िर
बन-बना कर मकान से निकला

मर गए हम मगर तिरा अरमान
दिल से निकला न जान से निकला

रहरव-ए-राह-ए-इश्क़[5] थे लाखों
आगे मैं कारवान से निकला

समझो पत्थर की तुम लकीर उसे
जो हमारी ज़बान से निकला

बज़्म से तुम को ले के जाएँगे
काम कब फूल-पान से निकला

क्या मुरव्वत है नावक-ए-दिल-दोज़
पहले हरगिज़ न जान से निकला

तेरे दीवानों का भी लश्कर आज
किस तजम्मुल[6] से शान से निकला

मुड़ के देखा तो मैं ने कब देखा
दूर जब पासबान से निकला

वो हिले लब तुम्हारे वादे पर
वो तुम्हारी ज़बान से निकला

उस की बाँकी अदा ने जब मारा
दम मिरा आन तान से निकला

मेरे आँसू की उस ने की तारीफ़
ख़ूब मोती ये कान से निकला

हम खड़े तुम से बातें करते थे
ग़ैर क्यूँ दरमियान से निकला

ज़िक्र अहल-ए-वफ़ा का जब आया
'दाग़' उन की ज़बान से निकला

---

1. माफ़ी 2. इंकार 3. इधर की उधर करने वाला 4. महबूब 5. मोहब्बत की राह में 6. सौन्दर्य

(139)

दिल परेशान हुआ जाता है
और सामान हुआ जाता है

ख़िदमत-ए-पीर-ए-मुग़ाँ कर ज़ाहिद[1]
तू अब इंसान हुआ जाता है

मौत से पहले मुझे क़त्ल करो
उस का एहसान हुआ जाता है

लज़्ज़त-ए-इश्क़ इलाही मिट जाए
दर्द अरमान हुआ जाता है

दम ज़रा लो कि मिरा दम तुम पर
अभी क़ुर्बान हुआ जाता है

गिर्या क्या ज़ब्त करूँ ऐ नासेह
अश्क पैमान हुआ जाता है

बेवफ़ाई से भी रफ़्ता रफ़्ता
वो मिरी जान हुआ जाता है

अर्सा-ए-हश्र[2] में वो आ पहुँचे
साफ़ मैदान हुआ जाता है

मदद ऐ हिम्मत-ए-दुश्वार-पसंद
काम आसान हुआ जाता है

छाई जाती है ये वहशत कैसी
घर बयाबान[3] हुआ जाता है

शिकवा सुन आँख मिला कर ज़ालिम
क्यूँ पशेमान हुआ जाता है

आतिश-ए-शौक़ बुझी जाती है
ख़ाक अरमान हुआ जाता है

उज़्र जाने में न कर ऐ क़ासिद[4]
तू भी नादान हुआ जाता है

मुज़्तरिब क्यूँ न हों अरमाँ दिल में
क़ैद मेहमान हुआ जाता है

'दाग़' ख़ामोश न लग जाए नज़र
शे'र दीवान हुआ जाता है

---

1. गुनाह से दूर रहने वाला 2. प्रलय का दिन 3. वीराना 4. इरादा करनेवाला

(140)

साज़[1] ये कीना-साज़[2] क्या जानें
नाज़ वाले नियाज़ क्या जानें

शम्अ'-रू आप गो हुए लेकिन
लुत्फ़-ए-सोज़-ओ-गुदाज़ क्या जानें

कब किसी दर की जब्हा-साई[3] की
शैख़ साहब नमाज़ क्या जानें

जो रह-ए-इश्क़ में क़दम रक्खें
वो नशेब-ओ-फ़राज़[4] क्या जानें

पूछिए मय-कशों से लुत्फ़-ए-शराब
ये मज़ा पाक-बाज़ क्या जानें

बले चितवन तिरी ग़ज़ब री निगाह
क्या करेंगे ये नाज़ क्या जानें

जिन को अपनी ख़बर नहीं अब तक
वो मिरे दिल का राज़ क्या जानें

हज़रत-ए-ख़िज़्र जब शहीद न हों
लुत्फ़-ए-उम्र-ए-दराज़ क्या जानें

जो गुज़रते हैं 'दाग़' पर सदमे
आप बंदा-नवाज़ क्या जानें

---

1. बाजा 2. मतलब 3. सज्दा करने वाला 4. उतार-चढ़ाव

(141)

ग़म से कहीं नजात मिले चैन पाएँ हम
दिल ख़ून में नहाए तो गंगा नहाएँ हम

जन्नत[1] में जाएँ हम कि जहन्नम[2] में जाएँ हम
मिल जाए तो कहीं न कहीं तुझ को पाएँ हम

जौफ़-ए-फ़लक में ख़ाक भी लज़्ज़त नहीं रही
जी चाहता है तेरी जफ़ाएँ उठाएँ हम

डर है न भूल जाए वो सफ़्फ़ाक[3] रोज़-ए-हश्र
दुनिया में लिखते जाते हैं अपनी ख़ताएँ हम

मुमकिन है ये कि वादे पर अपने वो आ भी जाए
मुश्किल ये है कि आप में उस वक़्त आएँ हम

नाराज़ हो ख़ुदा तो करें बंदगी से ख़ुश
माशूक़ रूठ जाए तो क्यूँकर मनाएँ हम

सर दोस्तों का काट के रखते हैं सामने
ग़ैरों से पूछते हैं क़सम किस की खाएँ हम

कितना तिरा मिज़ाज ख़ुशामद-पसंद[4] है
कब तक करें ख़ुदा के लिए इल्तिजाएँ[5] हम

लालच अबस है दिल का तुम्हें वक़्त-ए-वापसीं
ये माल वो नहीं कि जिसे छोड़ जाएँ हम

सौंपा तुम्हें ख़ुदा को चले हम तो ना-मुराद
कुछ पढ़ के बख़्शना जो कभी याद आएँ हम

सोज़-ए-दरूँ से अपने शरर बन गए हैं अश्क
क्यूँ आह-ए-सर्द को न पतिंगे लगाएँ हम

ये जान तुम न लोगे अगर आप जाएगी
उस बेवफ़ा की ख़ैर कहाँ तक मनाएँ हम

हम-साए जागते रहे नालों से रात भर
सोए हुए नसीब को क्यूँकर जगाएँ हम

जल्वा दिखा रहा है वो आईना-ए-जमाल
आती है हम को शर्म कि क्या मुँह दिखाएँ हम

मानो कहा जफ़ा न करो तुम वफ़ा के बा'द
ऐसा न हो कि फेर लें उल्टी दुआएँ हम

दुश्मन से मिलते जुलते हैं ख़ातिर से दोस्ती
क्या फ़ाएदा जो दोस्त को दुश्मन बनाएँ हम

तू भूलने की चीज़ नहीं ख़ूब याद रख
ऐ 'दाग़' किस तरह तुझे दिल से भुलाएँ हम

---

1. स्वर्ग 2. नरक 3. निष्ठुर 4. जिसे चापलूसी अच्छी लगती हो 5. विनती

(142)

बाक़ी जहाँ में क़ैस न फ़रहाद रह गया
अफ़्साना[1] आशिक़ों का फ़क़त याद रह गया

ये सख़्त-जाँ तो क़त्ल से नाशाद रह गया
ख़ंजर चला तो बाज़ू-ए-जल्लाद रह गया

पाबंदियों ने इश्क़ की बेकस रखा मुझे
मैं सौ असीरियों[2] में भी आज़ाद रह गया

चश्म-ए-सनम[3] ने यूँ तो बिगाड़े हज़ार घर
इक काबा चंद रोज़ को आबाद रह गया

महशर में जा-ए-शिकवा[4] किया शुक्र यार का
जो भूलना था मुझ को वही याद रह गया

उन की तो बन पड़ी कि लगी जान मुफ़्त हाथ
तेरी गिरह में क्या दिल-ए-नाशाद[5] रह गया

पुर-नूर हो रहेगा ये ज़ुल्मत-कदा अगर
दिल में बुतों का शौक़-ए-ख़ुदा-दाद[6] रह गया

यूँ आँख उन की कर के इशारा पलट गई
गोया कि लब से हो के कुछ इरशाद[7] रह गया

नासेह का जी चला था हमारी तरह मगर
उल्फ़त की देख देख के उफ़्ताद[8] रह गया

हैं तेरे दिल में सब के ठिकाने बुरे भले
मैं ख़ानुमाँ-ख़राब[9] ही बर्बाद रह गया

वो दिन गए कि थी मिरे सीने में कुछ ख़राश
अब दिल कहाँ है दिल का निशाँ याद रह गया

सूरत को तेरी देख के खिंचती है जान-ए-ख़ल्क़
दिल अपना थाम थाम के बहज़ाद रह गया

ऐ 'दाग़' दिल ही दिल में घुले ज़ब्त-ए-इश्क़ से
अफ़्सोस शौक़-ए-नाला-ओ-फ़रियाद रह गया

---

1. किस्सा 2. कैदी 3. महबूब की आँखें 4. शिकायत की जगह 5. उदास दिल 6. ईश्वरदत्त शौक 7. आदेश 8. आपत्ति 9. टूटा दिल

(143)

देख कर जोबन तिरा किस किस को हैरानी हुई
इस जवानी पर जवानी आप दीवानी हुई

पर्दे पर्दे में मोहब्बत दुश्मन-ए-जानी[1] हुई
ये ख़ुदा की मार क्या ऐ शौक़-ए-पिन्हानी[2] हुई

दिल का सौदा कर के उन से क्या पशेमानी[3] हुई
क़द्र उस की फिर कहाँ जिस शय की अर्ज़ानी[4] हुई

मेरे घर उस शोख़ की दो दिन से मेहमानी हुई
बेकसी की आज कल क्या ख़ाना-वीरानी हुई

तर्क-ए-रस्म-ओ-राह पर अफ़्सोस है दोनों तरफ़
हम से नादानी हुई या तुम से नादानी हुई

इब्तिदा से इंतिहा तक हाल उन से कह तो दूँ
फ़िक्र ये है और जो कह कर पशेमानी हुई

ग़म क़यामत का नहीं वाइ'ज़ मुझे ये फ़िक्र है
दीन कब बाक़ी रहा दुनिया अगर फ़ानी हुई

तुम न शब को आओगे ये है यक़ीं आया हुआ
तुम न मानोगे मिरी ये बात है मानी हुई

मुझ में दम जब तक रहा मुश्किल में थे तीमारदार
मेरी आसानी से सब यारों की आसानी हुई

इस को क्या कहते हैं उतना ही बढ़ा शौक़-ए-विसाल
जिस क़दर मशहूर उन की पाक-दामानी[5] हुई

बज़्म से उठने की ग़ैरत बैठने से दिल को रश्क
देख कर ग़ैरों का मजमा क्या परेशानी हुई

दावा-ए-तस्ख़ीर पर ये उस परी-वश ने कहा
आप का दिल क्या हुआ मोहर-ए-सुलेमानी हुई

खुल गईं ज़ुल्फ़ें मगर उस शोख़ मस्त-ए-नाज़ की
झूमती बाद-ए-सबा फिरती है मस्तानी हुई

मैं सरापा सज्दे करता उस के दर पर शौक़ से
सर से पा तक क्यूँ न पेशानी ही पेशानी हुई

दिल की क़ल्ब-ए-माहियत का हो उसे क्यूँकर यक़ीं
कब हवा मिट्टी हुई है आग कब पानी हुई

आते ही कहते हो अब घर जाएँगे अच्छी कही
ये मसल पूरी यहाँ मन-मानी घर जानी हुई

अरसा-ए-महशर में तुझ को ढूँड लाऊँ तो सही
कोई छुप सकती है जो सूरत हो पहचानी हुई

देख कर क़ातिल का ख़ाली हाथ भी जी डर गया
उस की चीन-ए-आस्तीं भी चीन-ए-पेशानी हुई

खा के धोका उस बुत-ए-कमसिन ने दामन में लिए
अश्क-अफ़्शानी[6] भी मेरी गौहर-अफ़्शानी हुई

बेकसी पर मेरी अपनी तेग़ की हसरत तो देख
चश्म-ए-जौहर भी ब-शक्ल-ए-चश्म-ए-हैरानी हुई

बेकसी पर 'दाग़' की अफ़्सोस आता है हमें
किस जगह किस वक़्त उस की ख़ाना-वीरानी हुई

---

1. जान का दुश्मन 2. छुपा हुआ प्रेम 3. पछतावा 4. सस्तापन 5. पवित्रता 6. आँसू बहाने वाला

(144)

इन आँखों ने क्या क्या तमाशा न देखा
हक़ीक़त में जो देखना था न देखा

तुझे देख कर वो दुई उठ गई है
कि अपना भी सानी[1] न देखा न देखा

उन आँखों के क़ुर्बान जाऊँ जिन्हों ने
हज़ारों हिजाबों[2] में परवाना देखा

न हिम्मत न क़िस्मत न दिल है न आँखें
न ढूंढ़ा न पाया न समझा न देखा

मरीज़ान-ए-उल्फ़त की क्या बे-कसी है
मसीहा को भी चारा-फ़रमा न देखा

बहुत दर्द-मंदों को देखा है तू ने
ये सीना ये दिल ये कलेजा न देखा

वो कब देख सकता है उस की तजल्ली[3]
जिस इंसान ने अपना ही जल्वा न देखा

बहुत शोर सुनते थे इस अंजुमन का
यहाँ आ के जो कुछ सुना था न देखा

सफ़ाई है बाग़-ए-मोहब्बत में ऐसी
कि बाद-ए-सबा[4] ने भी तिनका न देखा

उसे देख कर और को फिर जो देखे
कोई देखने वाला ऐसा न देखा

वो था जल्वा-आरा मगर तू ने मूसा
न देखा न देखा न देखा न देखा

गया कारवाँ छोड़ कर मुझ को तन्हा
ज़रा मेरे आने का रस्ता न देखा

कहाँ नक़्श-ए-अव्वल कहाँ नक़्श-ए-सानी
ख़ुदा की ख़ुदाई में तुझ सा न देखा

तिरी याद है या है तेरा तसव्वुर[5]
कभी 'दाग़' को हम ने तन्हा न देखा

---

1. दूसरा 2. पर्दा 3. चमक 4. सवेरे की हवा 5. कल्पना

(145)

इधर देख लेना उधर देख लेना
कन-अँखियों से उस को मगर देख लेना

फ़क़त नब्ज़ से हाल ज़ाहिर न होगा
मिरा दिल भी ऐ चारागर देख लेना

कभी ज़िक्र-ए-दीदार आया तो बोले
क़यामत से भी पेश-तर[1] देख लेना

न देना ख़त-ए-शौक़ घबरा के पहले
महल मौक़ा ऐ नामा-बर[2] देख लेना

कहीं ऐसे बिगड़े सँवरते भी देखे
न आएँगे वो राह पर देख लेना

तग़ाफ़ुल[3] में शोख़ी निराली अदा थी
ग़ज़ब था वो मुँह फेर कर देख लेना

शब-ए-वा'दा अपना यही मश्ग़ला[4] था
उठा कर नज़र सू-ए-दर देख लेना

बुलाया जो ग़ैरों को दावत में तुम ने
मुझे पेश-तर अपने घर देख लेना

मोहब्बत के बाज़ार में और क्या है
कोई दिल दिखाए अगर देख लेना

मिरे सामने ग़ैर से भी इशारे
इधर भी उधर देख कर देख लेना

न हो नाज़ुक इतना भी मश्शाता[5] कोई
दहन देख लेना कमर देख लेना

नहीं रखने देते जहाँ पाँव हम को
उसी आस्ताने पे सर देख लेना

तमाशा-ए-आलम की फ़ुर्सत है किस को
ग़नीमत है बस इक नज़र देख लेना

दिए जाते हैं आज कुछ लिख के तुम को
उसे वक़्त-ए-फ़ुर्सत मगर देख लेना

हमीं जान देंगे हमीं मर मिटेंगे
हमें तुम किसी वक़्त पर देख लेना

जलाया तो है 'दाग़' के दिल को तुम ने
मगर इस का होगा असर देख लेना

---

1. पहले 2. डाकिया 3. जान-बूझ कर की जाने वाली उपेक्षा 4. व्यापार 5. स्त्रियों का बनाव-सिंगार करनेवाली स्त्री

(146)

इस अदा से वो जफ़ा[1] करते हैं
कोई जाने कि वफ़ा[2] करते हैं

यूँ वफ़ा अहद-ए-वफ़ा करते हैं
आप क्या कहते हैं क्या करते हैं

हम को छेड़ोगे तो पछताओगे
हँसने वालों से हँसा करते हैं

नामा-बर तुझ को सलीक़ा ही नहीं
काम बातों में बना करते हैं

चलिए आशिक़ का जनाज़ा उट्ठा
आप बैठे हुए क्या करते हैं

ये बताता नहीं कोई मुझ को
दिल जो आता है तो क्या करते हैं

हुस्न का हक़ नहीं रहता बाक़ी
हर अदा में वो अदा करते हैं

तीर आख़िर बदल-ए-काफ़िर है
हम अख़ीर आज दुआ करते हैं

रोते हैं ग़ैर का रोना पहरों
ये हँसी मुझ से हँसा करते हैं

इस लिए दिल को लगा रक्खा है
इस में महबूब रहा करते हैं

तुम मिलोगे न वहाँ भी हम से
हश्र[3] से पहले गिला करते हैं

झाँक कर रौज़न-ए-दर से मुझ को
क्या वो शोख़ी से हया करते हैं

उस ने एहसान जता कर ये कहा
आप किस मुँह से गिला करते हैं

रोज़ लेते हैं नया दिल दिलबर
नहीं मालूम ये क्या करते हैं

'दाग़' तू देख तो क्या होता है
जब्र[4] पर सब्र[5] किया करते हैं

---

1. अत्याचार 2. निर्वाह 3. प्रलय 4. अन्याय 5. धैर्य

(147)

उन के इक जाँ-निसार हम भी हैं
हैं जहाँ सौ हज़ार हम भी हैं

तुम भी बेचैन हम भी हैं बेचैन
तुम भी हो बे-क़रार हम भी हैं

ऐ फ़लक[1] कह तो क्या इरादा है
ऐश के ख़्वास्त-गार[2] हम भी हैं

खींच लाएगा जज़्ब-ए-दिल उन को
हमा तन इंतिज़ार हम भी हैं

बज़्म-ए-दुश्मन[3] में ले चला है दिल
कैसे बे-इख़्तियार हम भी हैं

शहर ख़ाली किए दुकाँ कैसी
एक ही बादा-ख़्वार हम भी हैं

शर्म समझे तिरे तग़ाफ़ुल[4] को
वाह क्या होशियार हम भी हैं

हाथ हम से मिलाओ ऐ मूसा
आशिक़-ए-रू-ए-यार हम भी हैं

ख़्वाहिश-ए-बादा-ए-तुहूर नहीं
कैसे परहेज़-गार हम भी हैं

तुम अगर अपनी गूँ के हो मा'शूक़
अपने मतलब के यार हम भी हैं

जिस ने चाहा फँसा लिया हम को
दिलबरों के शिकार हम भी हैं

आई मय-ख़ाने से ये किस की सदा
लाओ यारों के यार हम भी हैं

ले ही तो लेगी दिल निगाह तिरी
हर तरह होशियार हम भी हैं

इधर आ कर भी फ़ातिहा पढ़ लो
आज ज़ेर-ए-मज़ार हम भी हैं

ग़ैर का हाल पूछिए हम से
उस के जलसे के यार हम भी हैं

कौन सा दिल है जिस में 'दाग़' नहीं
इश्क़ में यादगार हम भी हैं

---

1. आसमान 2. रिश्ते का इच्छुक 3. दुश्मन की महफ़िल 4. उपेक्षा

(148)

मज़े इश्क़ के कुछ वही जानते हैं
कि जो मौत को ज़िंदगी जानते हैं

शब-ए-वस्ल[1] लीं उन की इतनी बलाएँ
कि हमदम मिरे हाथ ही जानते हैं

न हो दिल तो क्या लुत्फ़-ए-आज़ार-ओ-राहत
बराबर ख़ुशी ना-ख़ुशी जानते हैं

जो है मेरे दिल में उन्हीं को ख़बर है
जो मैं जानता हूँ वही जानते हैं

पड़ा हूँ सर-ए-बज़्म[2] मैं दम चुराए
मगर वो इसे बे-ख़ुदी जानते हैं

कहाँ क़द्र-ए-हम-जिंस हम-जिंस[3] को है
फ़रिश्तों को भी आदमी जानते हैं

कहूँ हाल-ए-दिल तो कहें उस से हासिल
सभी को ख़बर है सभी जानते हैं

वो नादान अंजान भोले हैं ऐसे
कि सब शेवा-ए-दुश्मनी[4] जानते हैं

नहीं जानते इस का अंजाम क्या है
वो मरना मेरा दिल-लगी जानते हैं

समझता है तू 'दाग़' को रिंद[5] ज़ाहिद
मगर रिंद उस को वली जानते हैं

---

1. मिलन की रात 2. महफ़िल में 3. समलैंगिक 4. दुश्मनी की आदत 5. आजाद

(149)

जो हो सकता है उस से वो किसी से हो नहीं सकता
मगर देखो तो फिर कुछ आदमी से हो नहीं सकता

मोहब्बत में करे क्या कुछ किसी से हो नहीं सकता
मिरा मरना भी तो मेरी ख़ुशी से हो नहीं सकता

अलग करना रक़ीबों[1] का इलाही तुझ को आसाँ है
मुझे मुश्किल कि मेरी बेकसी से हो नहीं सकता

किया है वादा-ए-फ़र्दा[2] उन्हों ने देखिए क्या हो
यहाँ सब्र ओ तहम्मुल[3] आज ही से हो नहीं सकता

ये मुश्ताक़-ए-शहादत किस जगह जाएँ किसे ढूंढ़ें
कि तेरा काम क़ातिल जब तुझी से हो नहीं सकता

लगा कर तेग़ क़िस्सा पाक कीजिए दाद-ख़्वाहों का
किसी का फ़ैसला कर मुंसिफ़ी[4] से हो नहीं सकता

मिरा दुश्मन ब-ज़ाहिर चार दिन को दोस्त है तेरा
किसी का हो रहे ये हर किसी से हो नहीं सकता

पुर्सिश[5] कहोगे क्या वहाँ जब याँ ये सूरत है
अदा इक हर्फ़-ए-वादा नाज़ुकी से हो नहीं सकता

न कहिए गो कि हाल-ए-दिल मगर रंग-आश्ना हैं हम
ये ज़ाहिर आप की क्या ख़ामुशी से हो नहीं सकता

किया जो हम ने ज़ालिम क्या करेगा ग़ैर मुँह क्या है
करे तो सब्र ऐसा आदमी से हो नहीं सकता

चमन में नाज़ बुलबुल ने किया जो अपनी नाले पर
चटक कर ग़ुंचा बोला क्या किसी से हो नहीं सकता

नहीं गर तुझ पे क़ाबू दिल है पर कुछ ज़ोर हो अपना
करूँ क्या ये भी तो ना-ताक़ती से हो नहीं सकता

न रोना है तरीक़े का न हँसना है सलीक़े का
परेशानी में कोई काम जी से हो नहीं सकता

हुआ हूँ इस क़दर महजूब[6] अर्ज़-ए-मुद्दआ कर के
कि अब तो उज़्र भी शर्मिंदगी से हो नहीं सकता

ग़ज़ब में जान है क्या कीजे बदला रंज-ए-फ़ुर्क़त का
बदी से कर नहीं सकते ख़ुशी से हो नहीं सकता

मज़ा जो इज़्तिराब-ए-शौक़ से आशिक़ को है हासिल
वो तस्लीम ओ रज़ा ओ बंदगी से हो नहीं सकता

ख़ुदा जब दोस्त है ऐ 'दाग़' क्या दुश्मन से अंदेशा
हमारा कुछ किसी की दुश्मनी से हो नहीं सकता

---

1. दुश्मन 2. अगले दिन मिलने का वादा 3. सहिष्णुता 4. न्याय 5. कुशल-मंगल पूछना 6. लज्जित

(150)

जल्वे मिरी निगाह में कौन-ओ-मकाँ[1] के हैं
मुझ से कहाँ छुपेंगे वो ऐसे कहाँ के हैं

खुलते नहीं हैं राज़ जो सोज़-ए-निहाँ[2] के हैं
क्या फूटने के वास्ते छाले ज़बाँ के हैं

करते हैं क़त्ल वो तलब-ए-मग़फ़िरत के बाद
जो थे दुआ के हाथ वही इम्तिहाँ के हैं

जिस रोज़ कुछ शरीक[3] हुई मेरी मुश्त-ए-ख़ाक[4]
उस रोज़ से ज़मीं पे सितम आसमाँ के हैं

बाज़ू दिखाए तुम ने लगा कर हज़ार हाथ
पूरे पड़े तो वो भी बहुत इम्तिहाँ के हैं

नासेह[5] के सामने कभी सच बोलता नहीं
मेरी ज़बाँ में रंग तुम्हारी ज़बाँ के हैं

कैसा जवाब हज़रत-ए-दिल देखिए ज़रा
पैग़ाम-बर के हाथ में टुकड़े ज़बाँ के हैं

क्या इज़्तिराब-ए-शौक़ ने मुझ को ख़जिल किया
वो पूछते हैं कहिए इरादे कहाँ के हैं

आशिक़ तिरे अदम को गए किस क़दर तबाह
पूछा हर एक ने ये मुसाफ़िर कहाँ के हैं

हर-चंद 'दाग़' एक ही अय्यार[6] है मगर
दुश्मन भी तो छटे हुए सारे जहाँ के हैं

---

1. जगत 2. अन्दर की आग 3. साझीदार 4. आदमी 5. नसीहत 6. चालाक

(151)

सितम ही करना जफ़ा ही करना निगाह-ए-उल्फ़त[1] कभी न करना
तुम्हें क़सम है हमारे सर की हमारे हक़ में कमी न करना

हमारी मय्यत पे तुम जो आना तो चार आँसू बहा के जाना
ज़रा रहे पास-ए-आबरू[2] भी कहीं हमारी हँसी न करना

कहाँ का आना कहाँ का जाना वो जानते ही नहीं ये रस्में
वहाँ है वअ'दे की भी ये सूरत कभी तो करना कभी न करना

लिए तो चलते हैं हज़रत-ए-दिल[3] तुम्हें भी उस अंजुमन[4] में लेकिन
हमारे पहलू में बैठ कर तुम हमीं से पहलू-तही न करना

नहीं है कुछ क़त्ल उन का आसाँ ये सख़्त-जाँ हैं बुरे बला[5] के
क़ज़ा को पहले शरीक करना ये काम अपनी ख़ुशी न करना

हलाक अंदाज़-ए-वस्ल[6] करना कि पर्दा रह जाए कुछ हमारा
ग़म-ए-जुदाई में ख़ाक कर के कहीं अदू की ख़ुशी न करना

मिरी तो है बात ज़हर उन को वो उन के मतलब ही की न क्यूँ हो
कि उन से जो इल्तिजा से कहना ग़ज़ब है उन को वही न करना

हुआ अगर शौक़ आइने से तो रुख़ रहे रास्ती की जानिब
मिसाल-ए-आरिज़[7] सफ़ाई रखना ब-रंग-ए-काकुल कजी न करना

वो ही हमारा तरीक़-ए-उल्फ़त कि दुश्मनों से भी मिल के चलना
ये एक शेवा तिरा सितमगर[8] कि दोस्त से दोस्ती न करना

हम एक रस्ता गली का उस की दिखा के दिल को हुए पशेमाँ
ये हज़रत-ए-ख़िज़्र को जता दो किसी की तुम रहबरी न करना

बयान-ए-दर्द-ए-फ़िराक़ कैसा कि है वहाँ अपनी ये हक़ीक़त
जो बात करनी तो नाला करना नहीं तो वो भी कभी न करना

मदार है नासेहो[9] तुम्हीं पर तमाम अब उस की मुंसिफ़ी[10] का
ज़रा तो कहना ख़ुदा-लगी भी फ़क़त सुख़न-परवरी न करना

बुरी है ऐ 'दाग़' राह-ए-उल्फ़त ख़ुदा न ले जाए ऐसे रस्ते
जो अपनी तुम ख़ैर चाहते हो तो भूल कर दिल-लगी न करना

---

1. अनस-ओ-मुहब्बत की निगाह 2. सम्मान का विचार 3. नादान दिन 4. महफ़िल 5. बुराई 6. मिलन का तरीका 7. गालों की तरह 8. अत्याचारी 9. उपदेशको 10. न्याय

(152)

हाथ निकले अपने दोनों काम के
दिल को थामा उन का दामन थाम के

घूँट पी कर बादा-ए-गुलफ़ाम[1] के
बोसे[2] ले लेता हूँ ख़ाली जाम के

रात दिन फिरता है क्यूँ ऐ चर्ख़-ए-पीर
तेरे दिन हैं राहत ओ आराम के

इस नज़ाकत[3] का बुरा हो बज़्म[4] से
उठते हैं वो दस्त-ए-दुश्मन[5] थाम के

चश्म-ए-मस्त-ए-यार की इक धूम है
आज कल हैं दौर दौर-ए-जाम के

या जिगर में या रहेगा दिल में तीर
ये ही दो गोशे[6] तो हैं आराम के

वो करें उज़्र-ए-वफ़ा अच्छी कही
मुझ पे रद्दे रखते हैं इल्ज़ाम के

जब क़दम काबे से रक्खा सू-ए-दैर[7]
तार उलझे जामा-ए-एहराम के

ख़ुश हैं वो दौर-ए-फ़लक से आज कल
दिन फिरे हैं गर्दिश-ए-अय्याम के

आ गया है भूल कर ख़त इस तरफ़
वो तो आशिक़ हैं मिरे हमनाम के

हाथ से सय्याद के गिर कर छुरी
कट गए हल्क़े हमारे दाम के

क़ासिदों के मुंतज़िर रहने लगे
पड़ गए उन को मज़े पैग़ाम के

क्या किसी दरगाह में जाना है आज
सुब्ह से सामान हैं हम्माम के

पूछते हैं हज़रत-ए-ज़ाहिद से रिंद
दाम क्या हैं जामा-ए-एहराम के

लब उतर आए हैं वो तारीफ़ पर
हम जो आदी हो गए दुश्नाम[8] के

दावा-ए-इश्क़-ओ-वफ़ा पर ये कहा
सब बजा लेकिन मिरे किस काम के

बन-सँवर कर कब बिगड़ता है बनाओ
सुब्ह तक रहते हैं जल्वे शाम के

जौर से या लुत्फ़ से पूरा किया
आप पीछे पड़ गए जिस काम के

है गदा-ए-मय-कदा[9] भी क्या हरीस[10]
भर लिए झोली में टुकड़े जाम के

नाला ओ फ़रियाद की ताक़त कहाँ
बात करता हूँ कलेजा थाम के

ख़ूगर-ए-बेदाद को राहत है मौत
भागता हूँ नाम से आराम के

'दाग़' के सब हर्फ़ लिखते हैं जुदा
टुकड़े कर डाले हमारे नाम के

---

1. गुलाब रंग जैसी शराब 2. चुम्बन 3. नाज़ुकमिज़ाजी 4. महफ़िल 5. दुश्मन का हाथ 6. कोने 7. मन्दिर की ओर 8. गाली 9. शराबख़ाने के बाहर खड़ा भिखारी 10. लोभी

(153)

डरते हैं चश्म[1] ओ ज़ुल्फ़ ओ निगाह ओ अदा से हम
हर दम पनाह माँगते हैं हर बला से हम

मा'शूक़ जा-ए-हूर मिले मय बजाए आब
महशर में दो सवाल करेंगे ख़ुदा से हम

गर तू किसी बहाने आ जाए वक़्त-ए-नज़अ'
ज़ालिम करें हज़ार बहाने क़ज़ा[2] से हम

गो हाल-ए-दिल[3] छुपाते हैं पर इस को क्या करें
आते हैं ख़ुद-ब-ख़ुद नज़र इक मुब्तला[4] से हम

नाचार[5] इख़्तियार किया शेवा-ए-रक़ीब
कुछ बे-हयाई ख़ूब हैं गुज़रे हया से हम

माँगी न होगी ख़िज़्र ने यूँ उम्र-ए-जावेदाँ[6]
क्या अपनी मौत माँगते हैं इल्तिजा से हम

देखें तो पहले कौन मिटे उस की राह में
बैठे हैं शर्त बाँध के हर नक़्श-ए-पा से हम

मजबूर अपनी शेवा-ए-शर्म-ओ-हया[7] से तुम
नाचार[8] इज़्तिराब-ए-दिल-ए-मुब्तला से हम

ये आरज़ू है आँख में सुर्मा लगाएँगे
ऐ 'दाग़' ख़ाक-ए-पा-ए-रसूल-ए-ख़ुदा से हम

---

1. आँख 2. मृत्यु 3. दिल का हाल 4. फंसना 5. बेबसी के साथ 6. अमरता 7. आदत 8. अमरता

(154)

होश आते ही हसीनों को क़यामत[1] आई
आँख में फ़ित्नागरी दिल में शरारत आई

क्या तसव्वुर[2] है निहायत[3] मुझे हैरत आई
आइने में भी नज़र तेरी ही सूरत आई

इस अदा से दम-ए-रफ़्तार क़यामत आई
ऐसे हम क्यूँ न हुए उन को ये हसरत[4] आई

रोज़-ए-महशर[5] जो मिरी दाद की नौबत आई
ये गई वो गई कब हाथ क़यामत आई

अब इसी पर तो है ताकीद वफ़ादारी की
जब गया जान से मैं ग़ैर की शामत आई

कह गए तान से वो आ के मिरे मरक़द[6] पर
सोने वाले तुझे किस तरह से राहत आई

बन सँवर कर जो वो आए तो ये मैं जान गया
अब गई जान गई आई तबीअत आई

रख दिया मुँह पे मिरे हाथ शब-ए-वस्ल[7] उस ने
बे-हिजाबी के लिए काम शिकायत आई

जब ये खाता है मिरा ख़ून-ए-जिगर खाता है
दिल-ए-बीमार को किस चीज़ पे रग़बत[8] आई

गरचे अज़-हद हूँ गुनहगार मुसलमान तो हूँ
पीछे पीछे मिरे दोज़ख़ में भी जन्नत आई

मैं हुआ शेफ़्ता[9] उन पर वो अदू पर शैदा[10]
साथ के साथ ही दोनों की तबीअत आई

उम्र भर उस को कलेजे से लगाए रखा
तेरे बीमार को जिस दर्द में लज़्ज़त आई

हिज्र में जान निकलती नहीं क्या आफ़त है
मार कर आज अजल को शब-ए-फ़ुर्क़त आई

अपने दीवानों को देखा तो कहा घबरा कर
ये नई वज़्अ की किस मुल्क से ख़िल्क़त[11] आई

जज़्ब-ए-दिल खींच ही लाया उन्हें मेरे दर तक
पाँव पड़ती हुई हर-चंद नज़ाकत आई

यूँ तो पामाल हुए सैकड़ों मिटने वाले
पहले गिनती में जो आई मिरी तुर्बत आई

हश्र का वा'दा भी करते नहीं वो कहते हैं
फ़र्ज़ कर लो जो कई बार क़यामत आई

'दाग़' घबराओ नहीं अब कोई दम के दम में
लो मुबारक हो तरक़्क़ी की भी साअ'त आई

---

1. प्रयल 2. प्रभाव 3. अत्यन्त 4. लालसा 5. न्याय के दिन 6. कब्र 7. मिलन की रात 8. इच्छा 9. आशिक 10. पागल 11. सृष्टि

(155)

कुछ लाग कुछ लगाव मोहब्बत में चाहिए
दोनों तरह का रंग तबीअत में चाहिए

ये क्या कि बुत बने हुए बैठे हो बज़्म में
कुछ बे-तकल्लुफ़ी[1] भी तो ख़ल्वत[2] में चाहिए

वो इब्तिदा-ए-इश्क़[3] में हासिल हुई मुझे
जो बात इंतिहा-ए-मोहब्बत में चाहिए

आएँगे बे-शुमार[4] फ़रिश्ते अज़ाब के
मैदान-ए-हश्र ग़ैर की तुर्बत[5] में चाहिए

कुछ तो पड़े दबाव दिल-ए-बे-क़रार पर
पारा भरा हुआ मिरी तुर्बत में चाहिए

माशूक़ के कहे का बुरा मानते हो 'दाग़'
बर्दाश्त आदमी की तबीअत में चाहिए

---

1. अनौपचारिकता 2. एकांत 3. प्रेम की शुरुआत 4. अनगिनत 5. कब्र

(156)

जब वो बुत हम-कलाम होता है
दिल ओ दीं का पयाम[1] होता है

उन से होता है सामना जिस दिन
दूर ही से सलाम होता है

दिल को रोकूँ कि चश्म-ए-गिर्यां[2] को
एक ही ख़ूब काम होता है

आप हैं और मजमा-ए-अग़्यार[3]
रोज़ दरबार-ए-आम होता है

ज़ीस्त[4] से तंग हैं न छेड़ हमें
देख ग़ुस्सा हराम[5] होता है

लीजे मूसा से लन-तरानी की
अब तो हम से कलाम होता है

'दाग़' का नाम सुन के वो बोले
आदमी का ये नाम होता है

---

1. संदेश 2. आसूं भरी आँखें 3. अनजान लोग 4. जिन्दगी 5. जिसका खान-पान धर्म में वर्जित हो

(157)

इस क़दर नाज़ है क्यूँ आप को यकताई[1] का
दूसरा नाम है वो भी मिरी तन्हाई का

क्या छुपे राज़ इलाही दिल-ए-शैदाई का
अर्सा-ए-हश्र[2] तो बाज़ार है रुस्वाई[3] का

जान ले जाएगा आना शब-ए-तन्हाई[4] का
कौन अब रोकने वाला है मिरी आई का

ख़ूगर-ए-रंज-ओ-बला हश्र के दिन क्या ख़ुश हों
कि वो माल आज हुआ है शब-ए-तन्हाई का

ज़िंदा है नाम शहादत का उसी के दम से
तेरे कुश्ते ने किया काम मसीहाई का

हर गली कूचे में पामाल उसे हो जाना
दिल है या नक़्श-ए-क़दम[5] है किसी हरजाई का

इस अदब से तह-ए-शमशीर तड़पना ऐ दिल
कि गुमाँ तेरी तपिश पर हो शकेबाई का

फ़ित्ने भी क़ाएदे से उठते हैं जब उठते हैं
क्या सलीक़ा है तुम्हें अंजुमन-आराई[6] का

वो ये कहते हैं मिरा सब्र पड़ेगा तुझ पर
अब मुझे रंज नहीं अपनी शकेबाई का

क्या ग़रज़ है मिरी तक़दीर को मुझ से पूछे
आबरू[7] का है तलबगार कि रुस्वाई का

वाँ शब-ए-वा'दा मली पाँव में मेंहदी उस ने
याँ कलेजा कोई मलता है तमन्नाई का

रात भर शम्अ रही हिज्र में वो भी ख़ामोश
मुल्तजी[8] था तिरी तस्वीर से गोयाई का

सर मिरा काट के दहलीज़ पर अपनी रख दो
शौक़ बाक़ी है अभी नासिया-फ़रसाई का

यूँ न मक़्बूल हुआ होगा किसी का सज्दा
बुत को अरमान रहा मेरी जबीं-साई का

हो गया परतव-ए-रुख़्सार से कुछ और ही रंग
मैं ने मुँह चूम लिया उस के तमाशाई का

थम गए जम गए आँखों में लहू के क़तरे
ख़ून ज़ाहिर है मिरे सब्र ओ शकेबाई का

बन गया दाग़-ए-जिगर मेहर-ए-क़यामत ऐ 'दाग़'
पर अभी रंग वही है शब-ए-तन्हाई का

---

1. अकेलापन 2. क़यामत का दिन 3. बदनामी 4. तन्हाई की रात 5. पदचिह्न 6. सभा में उपस्थिति 7. प्रतिष्ठा 8. निवेदक

(158)

मोहब्बत का असर जाता कहाँ है
हमारा दर्द-ए-सर जाता कहाँ है

दिल-ए-बेताब सीने से निकल कर
चला है तू किधर जाता कहाँ है

अदम[1] कहते हैं उस कूचे को ऐ दिल
इधर आ बे-ख़बर जाता कहाँ है

कहूँ किस मुँह से मैं तेरे दहन[2] है
जो होता तो किधर जाता कहाँ है

तिरे जाते ही मर जाऊँगा ज़ालिम
मुझे तू छोड़ कर जाता कहाँ है

हमारे हाथ से दामन बचा कर
अरे बेदाद-गर जाता कहाँ है

तिरी चोरी ही सब मेरी नज़र में
चुरा कर तू नज़र जाता कहाँ है

अगरचे[3] पा-शिकस्ता[4] हम हैं ऐ 'दाग़'
मगर क़स्द-ए-सफ़र[5] जाता कहाँ है

---

1. यमलोक 2. मुँह 3. हालाँकि 4. असहाय 5. सफर का मकसद

www.ingramcontent.com/pod-product-compliance
Lightning Source LLC
LaVergne TN
LVHW050037181026
850499LV00051B/2343
9789390504343